我们一起解决问题

# THE BUSINESS MODEL BOOK

Design, Build and
Adapt Business Ideas That Thrive

# 商业模式

# 工具书 （实战版）

## 创新商业模式的工具、
## 方法及案例演练

[英] 亚当·J.博克（Adam J. Bock）

[英] 杰拉德·乔治（Gerard George）　　　_ 著

王重鸣

浙江大学全球创业研究中心团队 _ 译

人民邮电出版社

北　京

## 图书在版编目（CIP）数据

商业模式工具书：实战版：创新商业模式的工具、方法及案例演练 /（英）亚当·J.博克（Adam J. Bock），（英）杰拉德·乔治（Gerard George），王重鸣著；浙江大学全球创业研究中心团队译. -- 北京：人民邮电出版社，2020.5（2022.1重印）
　ISBN 978-7-115-53782-9

　Ⅰ. ①商… Ⅱ. ①亚… ②杰… ③王… ④浙… Ⅲ. ①商业模式 Ⅳ. ①F71

中国版本图书馆CIP数据核字(2020)第059661号

## 内容提要

　　当今企业间的竞争，不是产品之间的竞争，而是商业模式之间的竞争。在移动互联网快速发展的今天，如果没有一个出色的商业模式，那么不管企业名气有多大，资产有多雄厚，也很可能会走向衰亡。然而，商业模式不是静态的，处于不同发展阶段的组织，其商业模式也有所不同。如何构建适合自己发展阶段的商业模式，是很多组织和管理者面临的挑战。

　　本书由具有多年创业和管理经验的专家精心打造。本书在简要介绍商业模式的定义和发展历史的基础之上，详细论述了商业模式的4个核心元素，即资源、交易、价值和叙事；实际演示了处于不同发展阶段的组织如何利用RTVN框架、精益画布、奥氏商业模式画布设计、构建和修正商业模式；同时还讲述了如何在商业模式变革和创新的基础上设计可持续的商业模式。作者用丰富的案例、生动的图表一步步帮助读者设计、构建、修正和创新商业模式。

　　本书适合企业领导者、各级管理者、创业者、咨询顾问和所有对商业模式话题感兴趣的读者阅读。

◆ 著　　　［英］亚当·J.博克（Adam J. Bock）
　　　　　　［英］杰拉德·乔治（Gerard George）
　　　　　　王重鸣
　　译　　　浙江大学全球创业研究中心团队
　　责任编辑　贾淑艳
　　责任印制　彭志环
◆ 人民邮电出版社出版发行　　北京市丰台区成寿寺路 11 号
　　邮编 100164　　电子邮件 315@ptpress.com.cn
　　网址 https://www.ptpress.com.cn
　　涿州市京南印刷厂印刷
◆ 开本：700×1000　1/16
　　印张：13.5　　　　　　　　　　　2020 年 5 月第 1 版
　　字数：250 千字　　　　　　　　　2022 年 1 月河北第 11 次印刷
　　　著作权合同登记号　图字：01-2018-1405 号

定　价：65.00 元
读者服务热线：（010）81055656　印装质量热线：（010）81055316
反盗版热线：（010）81055315
广告经营许可证：京东市监广登字 20170147 号

在我读这本书的时候，我想起了我的创业生涯。30 年来，我创办和经营了 5 家公司，但我从未想过商业模式的问题。

我的第二家公司 TomoTherapy 公司可能不需要进行太多的商业模式分析。这是由我们攻克了之前无法治愈的癌症所驱动的。也许是我们很聪明，也许是我们很幸运。不管怎样，TomoTherapy 公司已经挽救了成千上万人的生命，也为公司创始人和员工创造了财富。

但是，当我阅读了书中的理论和示例后，我意识到我可以把我的创业经历用在我自己的初创公司、我投资的公司和我指导的创业者身上。

任何一个经营过公司的人，无论成功与否，都需要认识到客户、供应商、人员、资源、资金和自己的创业梦想之间的关系。这本书给了你一个框架，用来直观评估你的梦想。它将展示你在这方面所必须填补的巨大空白！

当你这样做的时候要完全诚实，不能自欺欺人。

我同意有数以百万计的商业模式，但大多数商业模式都属于少数几个类别。如果你想进入一个成熟的行业，那么了解竞争对手的商业模式将是至关重要的。在你花费大量的金钱和时间之前，你可以评估一下自己是否真的有获得成功的钥匙。

在创建 TomoTherapy 公司时，我们其实是在向一个根深蒂固的、有点僵化的行业发起进攻。我凭直觉评估了这种行业中占主导地位的商业模式，发现了其中的巨大漏洞。这种商业模式已经运作了几年，甚至几十年。它的成功使员工对工作不屑一顾。因此，不满、沮丧的顾客想要其他的选择。我们由此以不同的视角推出了一项新技术。这给了我们一个新的商业模式和巨大的机会。

但如果我早期就阅读了这本书，我就会有一个更好的模式来开始我的其他事业，这至少能在我两次遇到危险的时候帮助我渡过难关。

需要记住的是，一个优秀的商业模式可能很快就会变成一个糟糕的商业模式。一家快速发展的公司会发生翻天覆地的变化，你的人际关系也会一天天地发展。客户、市场、竞争对手和行业会发生变化，这种变化有时会非常迅速。我真的很赞同亚当和乔治的把商业模式分析看作一个循环的建议。你需要定期回到其中来审视你的数据、假设和叙述的有效性。如果你不这样做，那可能就是在自欺欺人。

不要害怕改变，这是保持生存的关键。你要完成这个循环和分析，看看自己在设计商业模式的过程中是否遗漏了什么，毕竟，现在还能改变，现在还来得及改变。

这本书可能读起来很简单，但是在框架、分析和示例中有很多精华的内容需要你仔细品味。书中除了用结构化的方法来帮助你设计商业模式，里面的例子和评论对于创业者来说也是无价之宝。亚当和乔治是创业者，但他们的写作也颇具理论价值，他们的知识是基于严谨的研究和来之不易的实践。

成功的创业者会从不断的尝试与沉痛的错误中学到很多东西。这告诉我们：要从错误中总结经验和教训，并寻找机会。在未来的实践中请按照本书的建议设计自己的商业模式。相信我，它总会在某些时候、某些地方帮到你。

保罗·J. 雷克韦特（Paul J. Reckwerdt）

TomoTherapy 公司 CEO

"商业模式"可能是时下最时髦的词汇了。

图 0-1 展示了"商业模式"在过去 10 年中是如何赶超其他重要的管理概念的。尽管有些关键的管理工具和理念已经逐渐沉寂，商业模式这一概念却得到了学者和实践者更多的关注和应用。这表明了商业模式一词已深入人心。

商业模式是一个颇具神奇色彩的概念。

一个好的商业模式是显而易见的，至少从事后回顾来看是这样的。

一个免费的、基于广告的网页足以让我们的搜索遍及整个互联网。谷歌有一个很好的商业模式，但也需要一个无法想象的大规模数据的集聚，只有如此才能够为许多相关和不相关领域的商业模式的运行提供"燃料"。

一个差的商业模式也是显而易见的。将沉重的、体积着实不小的宠物食品直接海运给顾客——其高昂的运输成本和相对较低的产品利润对 Pets.com 来说是灾难性的。但是 20 年后，我们还是能在亚马逊上买到免运费的宠物食品。显然，这与时间相关。也许，整个商业模式的概念实际上比我们看到的复杂得多。

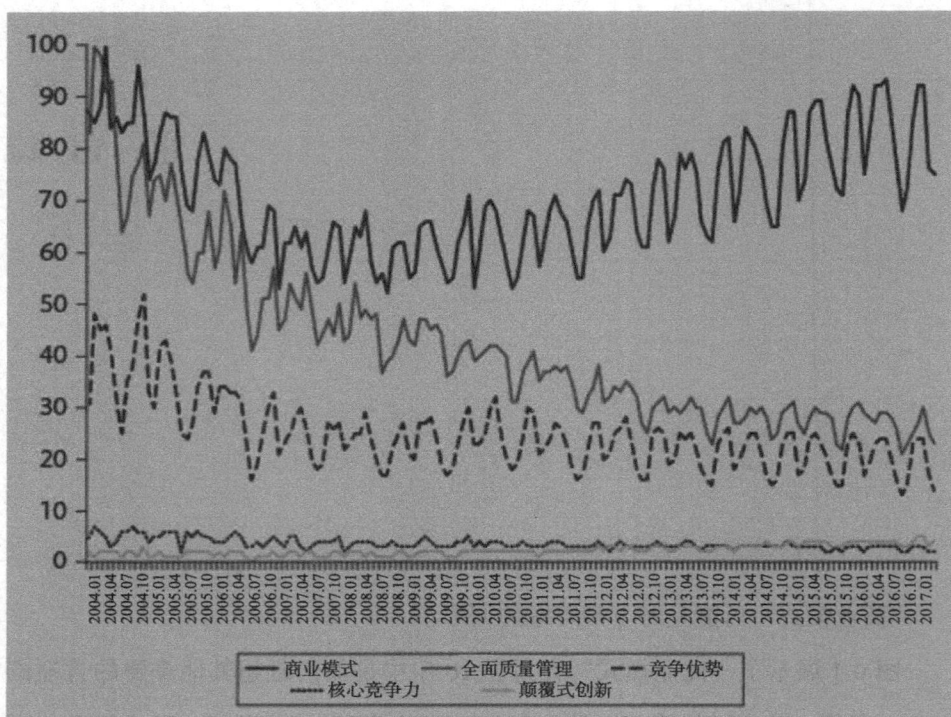

**图 0-1 商业模式与其他概念的谷歌搜索频次比较**

数据来源：谷歌趋势。

下面是有关商业模式的概要。

• 事实上，不存在什么灵丹妙药可以保证领导者设计或实施的商业模式能在所有情境下奏效。

• 设计一个好的商业模式，领导者需要对关键组织要素（资源、交易、价值、叙事）有深刻理解，以及明白它们在一个特定组织或机会面前是如何协调发挥作用的。

• 在不同的组织发展阶段，领导者应该采取不同的商业模式工具。

• 商业模式创新是一个高风险但同时高回报的过程，领导者需要找到聚焦核心竞争力和创造性地识别机会之间的平衡。

价值主张是商业模式的核心和灵魂。

这本书向你展示了如何创建、测试、修正和创新商业模式。出色的商业模式驱动着企业快速地增长，而糟糕的商业模式则会毁灭最有前途的企业。

也许你已经阅读过关于商业模式的书籍，或者在公司领导过关于商业模式的变革；也许你并不了解商业模式，想一窥其真谛；也许你已经对商业模式这个东西不屑一顾，因为不同的书籍和咨询顾问们关于商业模式的看法大相径庭。不管是哪种情况，这本书都是值得关注的，它提供了你需要的关于商业模式的所有基本信息、清晰和简洁的例子，以及如何思考组织的商业模式的建议。

商业模式的设计对企业来说确实是一个相对棘手的问题。我们的研究和经验致力于将其变得简单易行。本书应用了一种新的基于生命周期的方法，将商业模式与企业的开发阶段联系起来。你的公司会随着时间而改变，你的商业模式也应该如此。

你对商业模式了解多少并不重要，不管你是一个经验丰富的高管、一个中层管理者、一个小企业主、一个创业者（或者一个想成为创业者的人），或者只是一个对商业和管理感兴趣的人。媒体中充斥着关于商业模式是什么、如何创建它们以及它们如何决定成功和增长的夸张的、未经证实的说法。

把这些都放在一边。现在是澄清事实的时候了。

现在是设计、创建和测试蓬勃发展的业务思想的时候了。

你可以直接阅读本书，将其用作参考资料或者是娱乐消遣。它是创业者、经理和主管等进行商业模式设计的工作手册。

每章都有具体的示例和活动，旨在将商业模式思维应用于特定情况。你可以从这些示例及其说明中学到很多东西。如果你想在组织中有所作为，那么你应该仔细考虑你的业务阶段，并至少完成适合该阶段的活动。

在完成所有活动后你将会对商业模式有深刻的见解，即使是与你的业务无关的见解。企业会随着时间而变化，商业模式也会随之变化。例如，尝试为一家初创公司设计成长阶段的商业模式似乎是本末倒置的。但是，你很可能会提前看到长期商业模式的关键要素。另外，如果将来有机会快速扩展业务，那么你可以回头考虑并检验原先的假设是否仍然有效。

你不妨试试本书介绍的方法和工具。毕竟，你正在阅读本书并试图有所收获。与创业精神（和生活）一样，实践出真知，只有边学边做，你才能从这本书的阅读中收获更多。

# 目 录 ⊙

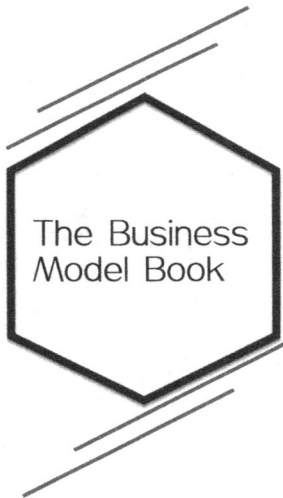

The Business
Model Book

# 第一部分

# 商业模式概述

# 第一章
## 什么是商业模式

"我没有商业模式。"

——萨尔曼·可汗

可汗学院创始人（可汗学院已为全球学生提供成千上万堂免费的教育课程）

在 20 世纪 90 年代以前，由于经营环境比较稳定，商务实践比较单一，很少有人关注成功企业在经营管理上采用了何种商业模式。20 世纪 90 年代，互联网热潮的兴起、营商环境的动态化，以及竞争的不断加剧，尤其是近期的数字化转型的蓬勃发展，使得无论是学者、经理人还是咨询专家都把商业模式看成各类组织生存、加速成长和盈利的核心要素。

毫无疑问，"商业模式"已经成为经理人成长工具箱里的一种重要而有效的工具。企业经理、创业者或者各种机构的领导者都认识到，懂得商业模式的基本要素并且了解如何使这些要素共同发挥作用是至关重要的。无论是何种行业、领域和地区的组织，也不管其规模如何，商业模式都可以为其提供不容小觑的价值。商业模式适用于盈利性和非盈利性组织，也可以应用到学术机构和政府部门。只要组织存在，**商业模式**就会扮演重要角色。

## 商业模式为何奏效

很少有人知道商业模式为什么奏效。

常见的情况是，商业模式的原理并没有真正解释商业模式是如何运作的，或者为什么有些商业模式会失败。对于创业者如何创造新的商业模式，我们的研究证据并不充分，也没有一种确定的方法来评估纸面上的商业模式。大量严格的商业模式研究依赖商业模式本身的定义，而这些定义与经理们对商业模式的看法截然不同。即使是确凿的科学发现也可能与创业者的实践无关。

这种商业模式与大多数其他管理概念不同。例如，公司战略描述了你的公司如何与其他公司竞争。与大多数管理概念一样，战略可以与其他组织进行比较。如果你能以更低的成本生产同样的产品，你或许就能超越其他组织。这将是一个很好的战略，如果能得到有效的实施就会带来利润和增长。

而一个好的商业模式可能无法与其他企业现有的商业模式进行比较，它之前甚至在现有的行业或市场中可能并不存在。

■ 新的商业模式示例：价格线公司。

价格线（Priceline）是一家什么样的公司？该公司已经广泛地扩展其服务，但从一开始就审视该组织的商业模式是有用的（其在1998年上线）。对于最终消费者来说，它看起来是一家旅游公司，却没有提供实际的旅游服务。对于旅游业来说，它看起来是一种营销渠道，但却没有建立正式的合作伙伴关系——价格线公司有意识地隐藏了旅游提供商的名称。这种商业模式非常出色——利用互联网进行实时的、拍卖旅游业额外资源的方式赚取收益，如空置的酒店房间或飞机座位。从技术上讲，价格线是一家在线拍卖商，而在当时，没有"品牌"的旅游商并没有市场。

商业模式的设计看起来很简单。出色的商业模式能够发挥作用，是因为各要素在支持价值创造过程中保持一致，即使这种一致并不显而易见。请思考一下西南航空的例子，它是世界廉价航空公司的先驱。西南航空几乎所有的商业模式都是为了最大限度地降低成本而设计的。西南航空只运营了一种类型的飞机，以降低维护成本。它的飞机一般都从较小的地区性机场起飞，以将登机口使用费用降至最低。它保持了简单的定价模式，以最大限度地降低销售成本。然而，西南航空的工资成本却高于行业平均水平，在培训和激励方案上的支出也高于其他航空公司。这是为什么呢？因为在航空业，员工犯的小错会产生很高的成本。飞机晚点起飞可能会影响多条航线的运行；如果乘客或乘客的行李错过了转机，产生的客户服务成本就会很高。如果公司的利润率是 10%，那么解决客户服务问题所产生的 100 美元的成本需要用额外的 1 000 美元的收入来弥补。西南航空的低成本商业模式需要相对高成本的人力资源要素来配套。这种商业模式非常有效：20 多年来，西南航空一直比美国其他的航空公司盈利更多。在某些年份，其利润额比该行业其他公司的总和还要高。

但是西南航空模式并非唯一的低成本航空公司运营模式，瑞安航空公司在成本节约方面也非常成功，但其人力资源投入要低得多。它使用截然不同的定价结构来确保飞机满员，这是航空公司最关键的一条运营规则。不同的是，西南航空公司通常被视为一家伟大的公司，拥有出色的客户服务；瑞安航空公司却经常因服务不佳而受到批评，并因客户服务问题多次被多个政府部门罚款。这两家"低成本航空公司"都实现了盈利，而且还在不断增长。换句话说，商业模式是复杂的。

- ■ 商业模式应该做什么、不应该做什么。
  - • 应该做的：一定要使用商业模式分析方法来思考组织是如何设计商业模式以便创造价值的。

- 不应该做的：不要被大型组织商业模式表面上的简单性所蒙蔽。组织规模越大，产品／服务组合越复杂，就越有可能存在多种商业模式。看似使用同一种"商业模式"的大公司，其各细分模式背后的运作元素可能截然不同。

## 创造和获取价值

在我们进行下一步讨论之前，需要就什么是商业模式达成一致意见，至少是暂时的一致。在第二章中，我们将讨论商业模式的历史和相关研究，但我们需要有一个定位来帮助构建讨论框架。

商业模式几乎总是在两个关键组织概念的基础上加以讨论和描述的。第一个概念是**价值创造**。商业模式与组织如何（以及为什么）创造价值有关。第二个概念是**设计**。商业模式与组织如何运作有关，特别是如何设计管理行为和组织运营的结构和关系。

**换句话说，商业模式是用来充分利用机会和创造价值的组织设计。**

每个组织的存在都只有一个目的：创造比个人单独完成任务更多的价值。这些价值可以是利润、教育、经济增长、社会价值、娱乐或任何其他可能的较好的结果。组织使用各种形式的资本（人力、财力、体力等）来创造和捕捉这种价值。

萨尔曼·可汗最初想给他的侄子提供远程的数学指导。他录制了相对简单的视频，用画外音演示数学概念。然后，他通过互联网将这些视频提供给他的侄子和任何人。可汗学院将这种价值创造的受益对象升级到全球数百万人。

在盈利性企业的具体案例中，创造的价值必须以一种熟悉的形式获得：金钱。从技术上讲，每一种好的商业模式都能捕捉到价值。例如，有效的非政府组织（NGO）进行变革，通常是为了实现社会目的或某项决议。非政府组织可以使用结果数据来筹款或招募，但在大多数情况下，结果本身并不会推动组织的运作。而对于盈利性企业，商业模式应该明确地将价值创造和价值获取联系起来，因为这种组织的财务产出也是一种投入。利润为发展和增长提供资金，并奖励所有者。

■ 商业模式的影响：可汗学院。

可汗学院已成为 21 世纪最具影响力和最具争议的教育创新之一。教师和学者们对没有时间表或成绩评判的远程自主学习的有效性意见不一。然而，其原始使用统计数据很难被忽略。2015 年，可汗学院的网站每月有超过 1 500 万的访问者访问。它提供了超过 10 万个不同的视频和课程，主题从加法基础到量子力学和艺术史。这些课程最初是用英语开发的，现在已有几十种其他语言的版本。每节课和每门课程都是免费的。萨尔曼·可汗最初可能并没有关于商业模式的设计，然而可汗学院已经将一个人的教育愿景转变为一种全球现象。

## 在现实世界中进行检验

事实证明，除了在现实世界中不断进行尝试之外，没有确定的、万无一失的商业模式测试方法。

好消息是，许多商业模式都是可以进行试点测试的。在本书后面的内容中，我们将研究如何从商业模式设计过渡到现实世界的测试。除非非常大的规模经济或网络效应是价值创造或价值获取所固有的，否则，小规模测试通常是识别商业模式瓶颈和低效问题的有效方法。

坏消息是，商业模式是可以复制的。商业模式不能用专利、商标或版权来保护。从本质上讲，商业模式不能作为商业秘密隐藏起来。从根本上说，组织的商业模式就是它所做的创造价值的事情。客户、供应商、合作伙伴甚至竞争对手都将能获得其部分或全部细节。在现实世界中，对于一种机构或组织来说不错的商业模式可能会在另一种机构或组织中失败。优步的拼车业务模式现在已经被巨蟹（新加坡）、维康（伦敦）、来福车（美国）、奥拉（印度）和滴滴（中国）等公司在全球范围内加以适配采用。但并不是所有模式都是完全一样的或者都是成功的。即使在其他地方能够成功运营，但优步在中国不是特别成功，不得不退出市场。

■ **商业模式风险：美国食品在线公司被复制。**

以美国食品在线公司（FoodUSA.com）为例。像价格线公司和其他许多网络公司一样，美国食品在线公司试图利用互联网来消除市场（肉类市场）的中介化。屠宰场和加工商可以匿名在美国食品在线公司的电子市场上发布可用的产品信息，买家可以出价购买他们需要的产品。高度整合的食品业将屠宰场的利润保持在相对较低的水平；美国食品在线公司模式的设计目的是将权力平衡转向屠宰场和农民，并在每一笔销售中收取佣金。

我们永远不会真正知道这种商业模式是否长期可行。尽管筹集了数百万美元的风险资本，促进了总额超过 3 500 万美元的交易，但美国食品在线公司在不到三年的时间里就倒闭了。为什么？这种商业模式被复制了——被从屠宰场购买肉类的食品行业公司组成的财团复制。商业风险投资有限责任公司（Commerce Ventures）是专门为与美国食品在线公司竞争而成立的。泰森食品公司（Tyson Foods）和嘉吉公司（Cargill）分别持有该公司 55% 和 27% 的股份，这两家公司是世界上最大的两家食品公司。其股东还有另外三家肉类生产和加工公司。尽管商业风险投资有限责任公司从未大规模运营，但屠宰场停止了向美国食品在线公司供应产品。现金流停止，风险资本枯竭，美国食品在线公司也就消失了。商业风险投资有限责任公司并没有超过美国食品在线公司，但它的存在却使美国食品在线公司的商业模式变得过于脆弱。

一方面，在一个行业威力巨大的商业模式在另一个行业却可能行不通；另一方面，当情况发生变化时，已经失败的商业模式也可能会起死回生。在这之中，行业发展、市场状况甚至是时间都会产生影响。例如，在线音乐共享的商业模式已经进行了几次迭代。纳普斯特公司消失了，但是声田（Spotify）、iTunes 音乐商店、音乐与音讯（SoundCloud）甚至 YouTube 等公司都以不同的方式取得了成功，它们服务不同的市场、需求和客户群。

没有两种商业模式是完全相同的，这可能是事实。技术基础设施的变化可以从根本上改写关于哪些商业模式可行甚至是否可行的规则。然而，大部分商界人士都熟悉大多数商业模式的基本元素。如果你已经看过了 100 种商业模式，那么第 101 种可能会与你已经看过的商业模式有相似之处或者有相似的元素。这就是为什么风险资本家希望创业者用清晰的语言、最好是可视化的图表解释自己的商业模式。同样，初创企业通常可能会在新市场复制已有人尝试、检验过的商业模式，并加以调适。

在博彩业，一种商业生态系统支撑着许多类似的公司。它们的差异很小（但很重要）。索尼、微软和任天堂等主要公司开发和发布软件，以补充自己的硬件平台。但也有一个庞大的玩家与商业生态系统支持这些"玩家"。芬兰手游发行商超级细胞公司（Supercell）旗下有"皇室战争"和"部落冲突"等主要产品，每天有 1 亿游戏玩家在线。中国互联网公司腾讯公司于 2016 年收购了超级细胞公司，以巩固其作为全球参与者的游戏资质。如果你观察亚洲国家，你会发现各种各样的游戏玩家平台提供商。新加坡的竞午娱乐公司（Garena）瞄准了东南亚市场。脚印株式会社（MiXi，日本）推出了一款名为

"怪物弹珠"的手机游戏，该手游后来变得十分受欢迎，以至于扩展成为一个社交网站。游戏在韩国非常受欢迎，以至于职业游戏被正式命名为电子竞技，由网石游戏（Netmarble）或重力社（Gravity）等不断增长和盈利的公司主导。规模较小的利基市场，如越南，也有规模不小的游戏公司，如 VNG。仅在这一个领域，我们就观察到了针对特定地理市场的多种商业模式和业务，它们具有差异化能力，使该行业蓬勃发展。一种商业模式不一定是独一无二的，但为了生存和发展，很多公司必须根据自己的资源、交易和价值创造而进行差异化。

本书中的活动和框架不能替代真实世界的测试，然而确实为准备真实世界的测试提供了有价值的工具。它们还可以作为故障排除指南，修复损坏的商业模式。

## 是什么造就了一个伟大的商业模式

伟大的商业模式是一个有生命力的组织的基础。伟大的商业模式能够：

- 满足客户需求；

- 为公司和公司的合作伙伴创造价值；

- 利用并扩展有价值的功能或资源；

- 提升效率；

- 使公司脱颖而出；

- 在短期内可持续。

下面我们逐个对其进行简单的讨论。

每一个有生存能力和可持续发展的组织都有一个核心目标，那就是满足需求。一个伟大的商业模式可能会满足市场需求，获得收入和利润；它可能会满足社会需求，促成公益捐赠或其他积极的社会结果。在极少数情况下，它也可能会产生一种全新的需求。无论如何，每一种可行的商业模式都满足了一个没有得到充分解决的需求。一个根本不能满足需求的商业模式是不可行的。

满足需求是必要的，但并不充分。一个伟大的商业模式要为公司及其合作伙伴创造价值。不能为组织创造价值的商业模式仍然是不可行的。为组织创造价值的商业模式是可行的，但可能不可持续。一些商业模式只是简单地将价值从一个组织转移到另一个组织，或者分散在供应链的各个部分。如果没有价值创造，那么组织很可能会在更多的利益方之间瓜分价值。伟大的商业模式是可持续的，并为组织及其商业伙伴创造价值。这会产生一种对所有各方都有利的协同关系。

同时，好的商业模式应该能够利用和扩展组织的宝贵能力和资源。换句话说，这种商业模式不会耗尽有限的资源，比如原材料。相反，它能确保组织运营的时间越长，对客户和合作伙伴来说就越稳定，越有价值。最有价值的资源是那些可以改进的资源，而不是那些被耗尽的资源。例如，设计高质量汽车的能力比制造过程中使用的钢材更有价值。钢材会被使用和更换，但随着时间的推移，一流的设计师会变得更有经验和更老练。

伟大的商业模式是高效的。从长远来看，浪费性的商业模式很容易受到行业变化和商业模式创新的影响。

伟大的商业模式使组织明显区别于竞争对手和行业参与者。我们常常会在同一个行业中发现许多组织使用相同的商业模式。有时，这被看成一种组织主导设计或权变理论的特例。一般的想法是，组织倾向于迁移到一种经过验证的经营方式，任何偏离该模式的做法都会降低盈利能力。然而，事实是，一些最有效的商业模式已经偏离了行业标准。想想电商领域的阿里巴巴、航空领域的西南航空、计算机领域的苹果、汽车领域的特斯拉、支付领域的腾讯，等等。至少，强大的商业模式确保了该组织不会仅仅复制其他公司正在做的事情。

所有这些加起来都是长期可持续的。伟大的商业模式的真正目标是为组织提供生存和繁荣的潜力。最好的组织利用这种成功来调整或创新其商业模式，以保持在行业内的领先地位。

### 本章概要

- 商业模式都是关于组织设计和价值创造的。
- 一种有效的商业模式利用组织来衡量价值创造。
- 商业模式元素可能会偏离直观的运作方式。
- 商业模式通常比看起来复杂。
- 一个行业的好的商业模式在另一个行业可能行不通。

# 第二章
# 商业模式简史

"商业模式"仍然是相对较新的管理概念。然而，它现在主导着无数的管理对话，已成为探索初创企业、创业、创新和企业战略关键领域（如组织变革）的主要工具。在本章中，我们将简要回顾一下关于商业模式的话题是如何开始的。

"在 20 世纪 90 年代末之前，没有人使用'商业模式'这个词。或者至少，它很少以书面形式出现。自那以后，这个词已经从一个抽象的理论术语微妙而迅速地演变成了一个有活力的，甚至是活生生的工具。"

——安娜·科德里亚·拉多

如果你急于创建或改变商业模式，这可能是你现在可以跳过的一章。同时，了解这段历史有助于解释为什么经理人和学者们会以某种方式谈论商业模式。它还突显了商业模式的一些局限性。如果你选择跳过这一章，请在你有时间的时候，再回到这一章，因为你会得到有用的指导和关于什么是真正的商业模式的深思熟虑的观点。

## 商业的模式

"商业模式"的起源可以追溯到大约 50 年前。20 世纪 60 年代，管理学者试图解构商业运营的方方面面。这一努力是由一些关于管理和战略的重要学术问题所推动的。他们研究的问题如下所示：

- "在没有充分信息的情况下，经理们是如何做出决策的？"
- "为什么同行业的公司看起来很相似，但又不完全一样？"
- "为什么有些公司的表现总是好于其他公司？"
- "为什么变革帮助了一些公司，却伤害或摧毁了其他公司？"

一些学者开始探索他们是否可以创造"商业模式"。这些努力是为了使用软件来模拟一个组织的所有活动，主要目的是在一个完全合理的框架内解释管理决策。这为一些决策过程提供了深刻的洞察力，比如定价问题，但它们从未发展成为一门研究商业模式的科学。

到了 20 世纪 70 年代，管理科学的学术领域发生了戏剧性的变化。决策和商业成果研究已经重新聚焦于认知、战略、组织行为和社会心理学的框架。在 20 世纪 90 年代末之前的学术文献中，很少有人提到商业模式，针对商业专业人士的出版物也是如此。例如，在 20 世纪 70 年代的整个十年里，《哈佛商业评论》只有 6 篇文章提到了"商业模式"，而在 20 世纪 80 年代也只有 11 篇文章提到了"商业模式"这个词。直到 20 世纪 90 年代末，商业模式概念一直处于休眠状态。

## 简单的商业模式

20 世纪 90 年代，学者和商界人士对企业和创新的看法发生了变化。将这一变化完全与互联网的新生发展联系起来很容易，但具有误导性。作为对企业如何创造价值的整体描述，商业模式的想法一直渗透在关于战略和竞争优势讨论的层面。这个词开始在管理界被普遍使用。

早期有关商业模式概念的使用通常被简化为企业如何创造价值的类比。著名的例子之一就是"剃须刀和刀片"的销售模式。这是用来描述一些企业如何廉价销售甚至赠送一种产品（剃须刀），以便刺激对必须定期反复购买的补充产品（一次性剃须刀片）的长期需求。

管理者和学者开始使用商业模式作为企业创造价值的独特方式的简写。在1993年《哈佛商业评论》的"观点专栏"讨论中，Monitor公司的创始人之一鲍勃·鲁里（Bob Lurie）指出了区分**好战略想法**和**好执行措施**的挑战。他表示："宜家经营得不错是采用了并非很有创意的商业模式，如果不那么熟练运用，很可能会失败。"

十年以后，这种商业模式已经在管理实践领域站稳脚跟。商业模式已经成为一个流行语。埃森哲的战略变革研究所（前身为安徒生咨询公司）发布了一份指南，试图找出每一种可能的商业模式，包括"剃须刀和刀片"模式以及其他33个模式。它们被巧妙地分为"价格模式"和"创新模式"等类别。该报告还提出了一种"变革模式"的变体，为研究商业模式提供了一种最早的动态方法。

## 与电子商务模式混淆

20世纪90年代末出现了一种令人惊叹的技术、文化和社会现象。互联网的发展和部署（主要通过万维网这一基础设施）对社会和商业产生了无与伦比的影响。

这也把商业模式的研究和实践搞得一团糟。

正如学者们可能会说的那样，"商业模式"是一个"艺术术语"。它进入管理实践后指的是公司层面的价值创造，同时包含某些高级运营模式。但它显然在不同的背景下对不同的人意味着不同的东西。互联网和所谓的"电子商务"的出现，将刚刚开始的关于商业模式的讨论变成了一座巴别塔。

"电子商务模式"的概念是一种基于互联网的商业框架，类似于20世纪60年代的"商业的模式"框架。其关键的不同之处在于，这些模式主要关注交易，因为互联网促进了交易的发展，且使交易成本只有正常成本的一小部分。金钱、信息和货物的交换可以大大减少人的参与。

当然，这些模式大多应用于主要或完全基于网络或其他电子界面运营的新企业或新业务部门。例如，这些公司包括内容提供商、直接面向客户的集成商和价值网集成商。这些模式可以清楚地描述特定的交易，将其分解为子组件，并以其他方式对其进行重构。经理人和学者们生成了一组交易，这些交易被组织并归类为一组有限的"原子"电子商务模式。

当然，问题在于对于部分或全部活动都是通过互联网实现的组织来说，如何区分"电子商务模式"和"商业模式"。"电子商务模式"已成为一个相对专业的话题，通常在拥有重要物理基础设施的大型组织转向支持互联网的活动和运营时应用。我们不会在本书中进一步讨论电子商务模式。

另一个令人困惑的问题是，基于互联网的公司是否可以与"传统"公司一样获得同样的估值。

互联网公司历经繁荣和萧条的教训是非常清楚的：

• 一定要探索以新方式为客户创造价值的商业模式；

• 不要让自己觉得，创新的商业模式可以免除传统的价值创造措施。创

新性可能会暂时分散对输出指标的注意力，但不会永远如此。最好的
商业模式会产生真实的、可衡量的结果。

## 理论与实践中的商业模式

互联网泡沫破灭了，但商业模式却变得更加强大。商业模式并不是网络公司独有的；每个有生存能力的组织都有一种能够创造价值的商业模式。然而，我们仍然不能明确定义商业模式。究竟什么是商业模式？有没有一个明确的商业模式列表？商业模式可以分成几种类型？是不是有些商业模式表现得比其他模式更好？为什么？

可以说，关于商业模式的最重要的学术研究是由拉斐尔·阿米特教授（Professor Raphael Amit）和克里斯托夫·佐特教授（Professor Christoph Zott）进行的。2001年，他们在一个顶级管理杂志上发表了第一篇关于商业模式的研究文章。他们问了一个看似简单的问题：为什么电子商务似乎比其他业务创造了更多的价值？他们的答案是：新的商业模式。特别是，他们澄清了商业模式是一种思考企业如何创造价值的新方式，并为商业模式提供了第一个，也可以说是最具逻辑一致性的定义。

在他们撰写的"电子商务中的价值创造"一文中，阿米特和佐特为研究商业模式这一重要的新概念铺平了道路。他们说：

> 我们的研究结果表明，没有一种单一的创业或战略管理理论可以完全解释电子商务的价值创造潜力。相反，我们需要整合已有的关于价值创造的理论观点。为了实现这样的集成，我们提供了商业模式结构作为未来电子商务价值创造研究的分析单元。商业模式描述了交易内容、结构和治理的设计，以便通过开发商机来创造价值。

你不一定要同意这个定义才能使用商业模式，但它值得你多加思考。阿米特和佐特认为，商业模式是公司用来创造价值的交易的设计，包括内部交易和外部交易，实际上就是公司在交换信息或资产时所做的一切。这是一个非常有力的定义，因为它非常精确且全面。随后的对商业模式的解释没有一种比这个更有说服力。

然而，他们的工作有两个弱点。首先，这个定义并不明确，而且有点难以纳入简单、实用的管理工具中。其次，阿米特和佐特的关键研究利用了互联网繁荣时期的数据，他们引用的大量"价值创造"并没有在互联网泡沫中幸存下来。例如，他们介绍了三家创造非凡价值的公司：Autobytel、Cyberian Outpost 和 Ricardo.de。当互联网泡沫破裂时，这些公司的总价值至少缩水了80%。拥有"创新"的商业模式并不足以保证长期的价值创造。

自那篇文章以来，数百位学者撰写了数千篇关于商业模式的有同行评议的研究论文。在谷歌学术网中搜索"商业模式"会产生50多万个结果，将其限制为文章标题中有"商业模式"时仍然会产生超过12 000个结果。到目前为止，对于商业模式到底是什么，或者确切地说如何严格地研究或衡量它，研究者们还没有达成明确的共识。

我们自己的研究显示了问题的另一面。研究商业模式的学者很少将管理者关于商业模式在现实世界中的实际使用情况的直接信息或观察纳入其中。如果研究结果不能反映管理者的想法或行为，那么在管理领域的研究结果又有多大用处呢？糟糕的是，管理学者们虽然不能达成共识，但他们显然不同意经理们的观点！对管理者的广泛访谈和调查表明，学者们提出和测试的各种商业模式定义根本不能反映管理者对商业模式的看法。

尽管阿米特和佐特的定义很好，但它并不符合创业者和管理者对商业模式的看法。面对在更严格的学术定义和管理者可以使用的定义之间进行选择，我们选择了后者。

经理们认为商业模式是三个关键组织要素的汇聚：资源、交易和价值创造。对于管理者来说，商业模式将组织的设计与组织创造或面临的机会联系起来。

## 商业模式画布的出现

商业模式实践中最重要的进步来自亚历山大·奥斯特瓦德（Alexander Osterwalder）在《商业模式新生代》（*Business Model Generation*）一书中提出的商业模式画布。

商业模式画布是用于思考商业模式的实用管理工具。基于与数百名经理、创业者和学者的讨论，奥斯特瓦德开发了一套相对简单的商业模式元素，并为绘制这些元素做出了一套美观的设计。画布确定了九个商业模式元素：客户细分、价值主张、渠道通路、客户关系、收入来源、核心资源、关键业务、重要合作、成本结构。

商业模式画布是商业模式研究向前迈出的重要一步，原因有三。首先，它合理且有效地整合了学者们关于商业模式的研究。其次，它为组织对特定商业模式的思考和讨论提供了一种有效的视觉机制。最后，它强调，设计、评估和改变商业模式的一个关键问题是如何将这些元素结合在一起，而不仅仅是明确元素是什么。我们将在第七章更深入地研究商业模式画布。

## 商业模式的未来

商业模式的研究有多活跃？一言以蔽之：非常活跃！

图 2-1 显示了研究商业模式的出版物的增长速度，以及与其他关键管理主

题的对比情况。

　　就像所有的商业流行语一样，"商业模式"已经从一个新的、令人兴奋的东西演变成了更平凡、更简单的东西。新的流行语将会出现。商业模式将是商学院教授的又一个成熟框架——由顾问使用，由风险资本家分析。

　　商业模式画布的成功导致了类似的工具，如精益画布等的出现。这些工具可以为评估创业机会提供一个有价值的参考。

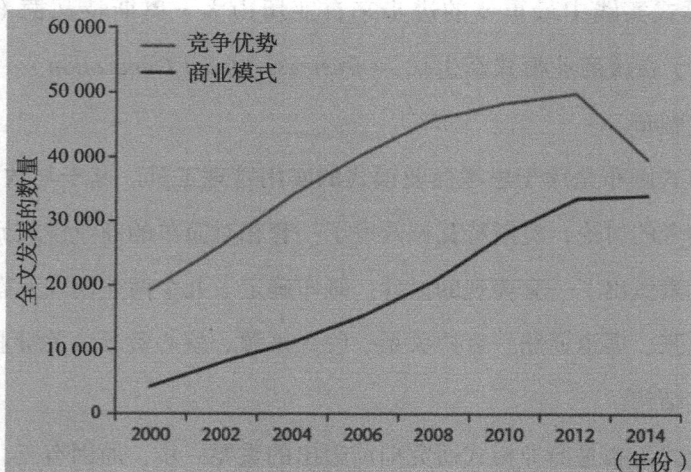

**图 2-1　以"商业模式"和"竞争优势"全文出版的学术出版物数量**
资料来源：谷歌学术。

　　商业模式工具的价值并不嵌入工具本身。使用该工具并不能保证获得成功！商业模式工具的好处是帮助使用者澄清假设、思考组织要素协同工作的结构化过程。

　　在接下来的几年里，学者们将发表更多关于商业模式的研究。所有这些都可能是有用的。一方面，从某种意义上说，它将进一步了解组织如何探索和利用机会；另一方面，其中大部分可能会与实践脱节，在实践中，创业者和管理者仍要在有限的时间和资源内就新想法做出艰难的决定。此外，对商业模式的研究往往过于狭隘，以至于研究结果要么与大多数组织无关，要么实际上不可能使用。一些领域（如信息技术）的技术变革速度很快，再加上发表管理研究所需的时间相对较长，这意味着关于商业模式的学术研究在发表时往往是过时的。作为学者，我们希望随着时间的推移，商业模式研究将变得更加实用和有效。

你可能会问："这一切对我意味着什么？"

在创办新企业或建立成长型公司时，商业模式是一个重要的工具。商业模式分析为评估新机会提供了一个简单而有效的框架。探索一家企业的商业模式有助于识别关键问题并收获低成本的实验数据，以测试机会的有效性。

如果你管理的是家族企业或生活方式型企业，商业模式仍然非常重要。在许多情况下，家族企业和生活方式型企业的管理者从未明确考虑过组织的商业模式。这些企业的管理者可以从商业模式分析中获益良多，因为这将有助于探索导致公司最初成功的潜在假设。大多数公司不可能永远停滞不前，而利用新的机会需要进行改变。

如果你是一家大公司、非营利基金会、教育机构或其他非商业组织的高级经理，那么你仍然可以从商业模式中受益。每个组织都有自己的商业模式。你可以构建、测试和评估商业模式。商业模式是衡量组织的运营是否可行的关键指标。这类组织的管理者通常不会考虑商业模式，这意味着分析可能会产生意想不到的、令人大开眼界的结果。

新的商业模式随时会出现。创新的商业模式往往伴随着大规模基础设施的重大变化。技术、社会和法律框架的变化创造了新的价值创造机会。要获得这些新的价值来源，通常需要全新的商业模式结构。

---

**本章概要**

- 经理人和学者并不总是以同样的方式思考"商业模式"。

- 商业模式是管理工具包中的最新工具。

- 新的和创新的商业模式仍然必须创造可衡量的价值。

- 有组织就有商业模式！

---

# 第三章
# 商业模式的创建没有捷径

"现有公司利用破坏性创新是如此困难，其原因在于那些让他们现在如此强大、优秀的做法和商业模式阻碍着他们去为破坏性创新而竞争。"

——克莱顿·克里斯坦森

商业模式前景无穷。

创业者用商业模式将创新带到市场；风险投资者知道可行的商业模式可以促进快速的增长；大公司的CEO们需要商业模式来适应技术与社会人口的变革；聪明的政策制定者明白商业模式是经济长期发展、就业增长以及提供有效政府服务的基础。

好消息是，商业模式是全球通用的概念。它可以以不同方式应用于新创企业、家族企业、成长型企业、跨国公司、行业机构、政府甚至国家的发展中。商业模式可以识别一个组织的关键要素与结构。商业模式分析揭示了一个组织如何提升以满足市场需求并创造价值，无论这个价值是以盈利还是以不那么有形的人类福祉为标准。

坏消息是，创建、评估、修正或实践一个商业模式并没有一步到位的方法。有很多工具和框架可以提供帮助，但这仍不简单。设计、试验并启动很棒的商业模式需要你在知识、专业性与直觉方面有所投入。如果没有这项投入，创业者的创业之路将困难重重。

## 设计伟大的商业模式的障碍

设计伟大的商业模式的前面有重重障碍。第一，设计商业模式最容易的方式就是依靠你已有的知识。第二，真正创新的商业模式往往需要你获取那些你难以获得的信息。第三，与人沟通商业模式的变革与创新非常困难。第四，考虑商业模式时你很容易在错误的层面上思考问题。第五，评估与测试商业模式一致性的关键因素常常既复杂又模糊。我们会用更多的内容讨论这些挑战。在每一个阶段，我们都建议你完成对应的活动来反思自己对商业模式的设想。

### 你已经知道的路是阻力最少的那条

在商业世界，你知道自己知道些什么，但你并不知道自己不知道什么。了解自己的知识盲区很难。这对明确商业模式很不利，因为商业模式是一个组织如何创造价值的简洁版说明。人们常常用简单的解释或故事来阐述一个商业模式。这些故事会让组织内外的人一下子明白这个商业模式是怎么回事。这是介绍组织非常有效的方式。由于它是如此的有效和令人信服，它往往能够推翻所有其他的数据或选项。

我们经常要求大学生与创业者勾勒出某个组织的商业模式。大部分时候，他们能在 10~15 分钟内给出一个非常清晰且有洞见的"地图"或画布。然后我们要求他们改变商业模式或者换一个商业模式去用另一些产品争取不同的顾客。大部分人要么完全不知所措，要么不经意间又画出了与先前一样的商业模式地图。即使我们给他们提供了关于特定市场、顾客及渠道的新数据，他们还是倾向于回到老模式中。"只要还没坏，就接着用呗。"

高影响力商业模式分析要求你放弃关于你的企业现在如何创造价值的核心假设。你最后有可能会回到自己现在的商业模式。但是你不能确定你目前的商业模式是不是基于这些假设。

## 你需要的信息可能不明显或不易得

网络上是没有商业模式数据库的。

市场规模、产业利润率这种高层次的信息我们也许可以轻松在网上搜索到，而研究一个商业模式却往往需要以更有限、更边缘的数据为基础进行推断。

识别和开拓商业模式往往需要详尽的前期调研、深入的头脑风暴以及特定的企业分析等多源的高层次信息。当商业模式有所创新时，有时候就是找不到任何有比较意义的例子或相关数据。

我们课上有个学生想评估一下"买一赠一"的商业模式来为津巴布韦的女性提供女性卫生用品。很多非洲的年轻女性常常因为生理期问题而缺课。但是评估这个新颖而复杂的商业模式所需要的数据我们的学生根本不可能拿到。

## 用类比来阐述商业模式可能具有欺骗性

商业模式很强大，一部分是因为我们可以用它们来获得反馈和进行检验。但是当商业模式包含一些比较复杂或者人们不熟悉的元素时，我们常常很难将一个商业模式讲清楚。不幸的是，最常用的解决方案是找一个人们比较熟悉的创新来类比。

### 小案例：格拉普公司和商业模式类比的危险

我们的一位学生就曾遇到过类比可能会掩盖关键问题的经历。法斯·玛达

（Vash Marada）研究到这一问题并且对格拉普公司（Grappl）项目做了可行性检验。这是一项面向学校的、基于移动互联网的同学间辅导服务，根据同学需求运营。是不是看不太懂？如果我们称之为"大学生辅导优步"，那么就清楚多了。大学生们可以登录该网站，对某门特定课程发起一个辅导请求，其他注册的辅导者就可以响应并在当天提供这项辅导服务。

在格拉普公司项目的案例里，所用的类比强调了这个即时系统的功能。辅导需求就像出行需求一样，经常是一种即时需求：你需要在特定时间内赶到某地，或者你需要快速地学会某项课程内容以完成作业或者通过考试。但是这个类比掩盖了一些很重要的差异性。比如，质量和地理问题。大部分司机的驾驶技能都差不多，都能把你安全地送到目的地；而辅导的质量却有很大的差异，也没有法规规定谁可以做辅导者。每个优步公司司机必须有驾照；但在获得第一个用户评分之前，格拉普公司项目的辅导者没有任何明确的资质评估措施。同样地，优步公司司机在全球每个城市提供的服务都差不多；而格拉普公司项目的辅导者通常只能辅导某所大学的一组有限的课程。

这个应用一上线，法斯就意识到了这个商业模式扩展业务的局限。如今他已经投身于更加激动人心的其他项目中，但他不后悔亲见商业模式显现局限性的这次经历。

---

显然，我们在做商业模式的类比时需要谨慎。首先，类比大多是不完美的。大多数情况下，类比会放大两者契合的方面，却不经意间掩藏两者不符合的地方。其次，类比明显地利用了人们的主观和情绪价值。这将鼓励人们相信自己已经认识到了这个商业模式未来的成功并且为自己有这个认识感到高兴。每个人都愿意相信自己的"发现"能力。

请特别谨慎，不要轻信这些有关商业模式的类比。

## 人们很容易关注那些错误层面的细节

人们在创造新的商业模式或者改变现有的商业模式时必然将注意力投向某些组织因素而忽略另一些因素。最常见的情况是，创业者或经理人会倾向于关注那些最熟悉或被验证过的细节。

地图和画布是创建和评估商业模式的有效工具。我们会在第三部分用地图和画布来设计和调整商业模式。但是我们很容易过于关注高层次的元素或不重要的细节。地图和画布这些工具虽然很有用，但可能会让我们忽略现实世界中各个元素是怎么互相影响、互相作用的。

最常见的错误就是画一张只有高层次要素的商业模式画布。这对于一个初步的想法也许是一个好的开头，但是在大部分情况下，过于笼统的商业模式画布至少会带来三个问题。第一，没有告诉我们需要什么样的数据来评估和测试这个商业模式。第二，画布上的各个要素凑在一起可能只是**看起来**有效，只是因为它不够具体而无法体现要素之间的冲突。第三，在商业模式面临变革与创新时，用这种画布工具来测试现有组织的商业模式是不现实的。

另一种不那么常见却一样有问题的情形是，商业模式画布往往过于具体和详细。这会使得这种画布看起来很有说服力，因为它们好像已经考虑到某种商业模式的所有可能的小细节。但事实上，过于详细的商业模式画布会带来另一些问题。第一，过于详细的要素显得互不相关，难以评估它们之间如何相互影响。第二，过于关注细节也许会使大家忙于收集数据，但同时隐藏了更大的问题或缺失的假设。第三，过于详细的商业模式常常来自比较熟悉的或现有的组织要素，它们可能是正确的，但是会妨碍我们去探究不那么熟悉的其他选项。

## 商业模式是复杂系统

商业模式是一个由要素及其连接组成的系统。其中有一些要素和连接比较重要。然而，整个商业模式是否能成功取决于整个系统是否能有效运转。这一点在我们建立商业模式后会详细展开。

## 什么不是商业模式

"说到商业模式，我想到了美国最高法院法官波特·史迪华回答关于色情问题时的话：'今天我无法给出色情的定义，估计以后也给不出易懂的说法。但如果我看到了，我会知道的。'对于我来说，我也定义不了商业模式，但如果我看到了，我会知道这是一个商业模式。"

——约翰，连续创业者，威斯康星 - 麦迪逊大学"产品发现"项目总裁（个人访谈）

人们把商业模式与许多其他商业概念混淆了。在我们思考对商业模式了解多少之前，在我们真正开始创建商业模式之前，先来看一看什么不是商业模式。

### 商业模式不是一张图

评估商业模式的工具在捕捉、评价、设计以及改变一个公司的商业模式时很有效。

做一张商业模式地图或画布可以很好地呈现一个组织的要素以及这些要素是如何相互影响来产生价值的。在经理人向他人传达复杂的概念或结构时，地图是非常有效的沟通工具。但就像前面说的，这种简化往往依赖类比，而类比可能具有误导性。

一个组织的"真正"商业模式最终只有在其各种资源与活动（交易）实际运营中组合起来时成为公司的功能时才会实现。仅仅是一张商业模式图片、地图或画布是无法明确这个商业模式如何启动、能否启动以及何时启动的。说到底，这些工具只有在进行商业模式实践的时候才看得出到底多有效。

## 商业模式不是一种营销策略

"免费游戏不是一个商业模式，而是一种营销策略。它可以让人们愿意去尝试你的'游戏'。它避免了一上来就收费所带来的不适。"

——米奇·拉斯基，基准资本，迪士尼，美国动视，EA

在实践中，商业模式分析一个常见的误用是将其用于更好地向潜在顾客解释公司的价值主张。虽然这么做也有意义，但这根本不是商业模式分析。

有些创业者、经理人和公司会把商业模式的变革与创新视作解决当前组织能力与市场需求之间显示的差距的一种潜在方案。从理论上说，商业模式分析与（再）设计的确可以帮助公司更好地营销其产品与服务，但是它的初衷并不是解决市场营销问题的。事实上，如果创业者、经理人或公司把商业模式上的思考完全放在了市场营销问题上，可能会带来始料未及的结果。当经理们想为市场营销上的不利局面寻找一个快速解决方案的时候，可能有人会提交一份激进的顾客关系流程再设计方案，或是一个全新的价值创造流程来解决未被满足的顾客需求。这些也许有用，但会掩盖市场营销方案薄弱的实施过程。

## 商业模式不是一场融资推介

风险投资人与其他私人投资人是最早看出商业模式分析的力量的。与商业计划主要介绍商业化策略不同，商业模式描绘出了价值创造的独特要素。这对于想要评估一个新创企业长期价值的投资人非常有吸引力。

但是，投资人需要看除了商业模式以外的很多东西。事实上，一次融资推介中包含商业模式画布是很不寻常的。商业模式画布通常：

- 信息密度高，很难在一次展示或书面报告中展现；

- 充满各种缩写、公司行话，外人几乎看不懂；

- 很难突出最关键的成功要素，因为画布上的所有东西看起来都一样重要。

## 商业模式不是盈利性的展示或检验

商业模式分析可以厘清一家组织的各方面要素是否可以组合协调并创造价值。理论上说，好的商业模式分析可以帮助识别一个组织，比如一个商业组织，是否是可行的。

商业模式无法展示或检验这场生意是否有利可图。商业模式分析可以为组织的要素与架构是否与公司战略相匹配指明道路。盈利性结果则主要依赖于战略在竞争环境中如何实施。商业模式可以是你的整个战略计划的强大输入，却无法替代战略计划及其实施过程。

## 商业模式不是机会的评估

商业模式可以解释一个公司如何利用机会，但商业模式无法评估这个机会是否具有吸引力。创业的重要一课告诉我们，并非所有机会都是均等的。有的机会大一些，有的容易实现一些，还有的具有长期的潜力。

评估一个机会是否具有吸引力需要考虑公司所在的目标市场与产业发展的情况。一个考虑周全的商业模式可以帮助创业者做到这一点。但商业模式框架是无法帮助创业者评估这种机会的。

关于评估机会的出色著作是约翰·穆林斯（John Mullins）写作的《如何寻找一门好生意》（*The New Business Road Test*）。我们用这本书作为很多创业课程的精要教材。这本书的新版讨论了很多商业模式与精益创业方法的内容。

穆林斯认为，创业者应该在撰写一份详细的商业计划书之前先做一次"路径检验"。我们完全同意！并且我们认为你应该在做商业模式分析的时候也照着这个"路径检验"走。一个没有商业模式的商业计划书只是一个猜想。

## 商业模式不是一种公司战略

经理人与学者们在区分商业模式与公司战略这个问题上都很纠结。有的学术刊物在讨论战略问题时却声称在研究商业模式。比如，像西南航空和瑞安航空这样的航空公司一直以来都被视为是低成本战略的经典案例。然而，近年来，管理研究者却开始把它们称为"低成本商业模式"。

公司战略（或者竞争战略）是管理领域的研究与实践中最古老、最重要和发展最为成熟的概念。商业模式属于公司战略吗？又或者商业模式是公司竞争战略的组成部分吗？毕竟，公司战略是关于资源、交易、竞争优势和价值创造的。说到底，商业模式和公司战略会是一回事吗？

很显然，它们不是一回事。战略是相对于竞争对手而言的，而商业模式是为了机会的利用而创建的。不过这两者很容易混淆。如果想了解两者更多的差异，你也可以上网查看详情。

---

**本章概要**

在这章我们讨论了创建伟大的商业模式没有捷径：

- ■ 有效的商业模式分析有不少难点；
- ■ 商业模式很容易被误解，而跟其他组织或商业概念相混淆；
- ■ 商业模式分析是一项习得的技能，需要知识与实践。

---

**The Business Model Book**

# 第四章
# 关于商业模式我们所明确知道的

"这是商业模式，傻瓜！"

——衣舍·戴森

商业模式最大的问题就是我们还不知道为什么有的成功了有的却失败了。直到现在，也没有学术研究能给出明确测试商业模式的构成、流程或结果的好方法。

例如，并没有证据证明使用了商业模式画布的创业者就会比没有使用的创业者更成功，也没有任何一个研究能阐明到底什么是"新的""创新的"商业模式。

有研究认为，创新的商业模式比现有的商业模式有更强的盈利能力，但在不同的研究中，商业模式的变量却并不一致。在很多研究中，什么是商业模式或商业模式创新都是由接受访谈或填写问卷的经理人们自行理解的。关于商业模式的一个难点是虽然学者们"为什么是商业模式"吵得焦头烂额，经理人们却认为每个人都对什么是商业模式有着差不多的理解。

所以，我们到底对商业模式了解多少呢？鉴于有这么多纷繁复杂甚至有时自相矛盾的关于商业模式与商业模式创新的信息，我们不妨从学者们已经达成一致的这部分内容开始聊起。可以把我们能够确定的关于什么是商业模式的信息归纳成这 10 句话：

1. 商业模式就在这里；

2. 商业模式与绩效的关系并不紧密；

3. 创新的商业模式可以获得巨大成功；

4. 商业模式创新伴随高风险；

5. 商业模式无法独立运行；

6. 落地实施有多好，商业模式才有多好；

7. 商业模式是变化的；

8. 商业模式变革并不容易；

9. 组织可以检验和实施多种商业模式；

10. 新的商业模式是无法事先预测的。

## 商业模式就在这里

不管是不是流行语，商业模式这个概念在可见的未来都会存在。它是全球投资圈的通用术语，已被更大的企业环境所广泛接纳。如果你还没有开始谈论商业模式，你很快也就要开始了。

## 商业模式与绩效的关系并不紧密

与许多战略管理、金融、营销或其他商业学科的工具不同，商业模式与提升绩效和企业生存的关系并不紧密。使用商业模式的框架，比如一张画布，并不能确保组织的成功。如果从这本书里你只能学到一个知识点的话，请记住这点。

使用商业模式框架并不能保证你能找到一个可行的商业模式，也不能保证你能把这个模式很好地落地实施并建立一个成功的企业。

## 创新的商业模式可以获得巨大成功

真正创新的商业模式很可能是与创业成功有关的。拥有创新商业模式的企业经常在新的资源、新的交易方式或价值创造系统上做实验。它们中的任何一点都可以形成竞争优势并最终引领企业成长，走向成功。

印度的巴提艾特公司（Bharti Airtel）的商业模式被认为是近年来最伟大的商业模式创新之一。该公司在印度手机行业发起了一个低基础设施的商业模式。巴提艾特外包了几乎所有的网络基础设施业务，这挑战了这个行业在全世界的普遍做法。通过将农村的零售商收编进自己的销售与配送系统，巴提艾特公司已成长为全世界用户数量第四多的手机运营商。

IBM 对全球 700 多位 CEO 进行了问卷调查后发现商业模式创新是高绩效公司与低绩效公司之间最重要的区别，如图 4-1 所示。

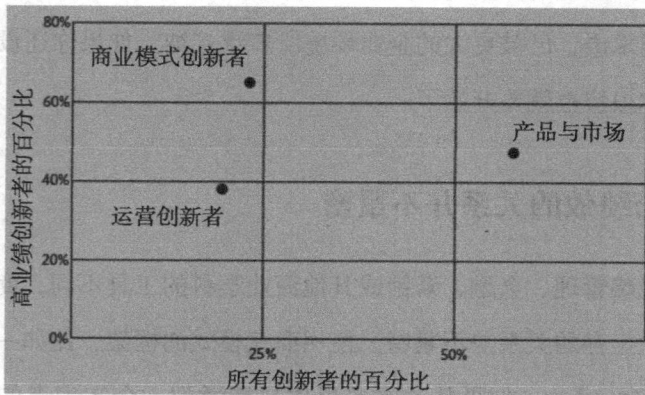

图 4-1　创新类别的业绩

## 商业模式创新伴随高风险

商业模式创新可能带来很高的收益，但也存在高风险。真正创新的商业模式有可能轻易开启一场灾难。请想想纳普斯特公司和苹果公司在数字音乐领域的商业模式创新。苹果公司的创新非常直接——与主流音乐工作室签约，通过 iTunes 音乐商店这个中心化的平台销售歌曲。纳普斯特的创新就更颠覆了——建立一个平台，让用户在平台上与其他用户交换歌曲。苹果的创新主要体现在交易环节上，其利用互联网的低成本传输优势更新了传统音乐的销售与传输渠道。纳普斯特的模式则颠覆了商业模式的全部三个结构：资源、交易与价值创造。纳普斯特的创新过于激进以至于在实施的过程中甚至触犯了版权法。这导致它被告上法庭并最终被迫关闭。这些模式给我们的教训是：商业模式有时候可能会过于颠覆。

## 商业模式无法独立运行

组织的商业模式是在多种环境中运行的，图 4-2 呈现了这一特点。采用何种商业模式需要公司高管团队（TMT）的完全认同，还需要在全公司上下落地实施，也需要与组织文化及其变革相匹配。商业模式还是一个不断拓展边界的系统——它将影响到公司以外的主体，如供应商、合作伙伴、顾客。因此，商业模式会影响到公司所在的整条供应链而且必须为供应链上的价值创造做出贡献。最后，一个公司的商业模式只是某一产业环境中众多商业模式中的一个。有的产业可以支持多种商业模式，有的则不行。

这也强调了商业模式创新的挑战。一个公司在商业模式上激进的变革会产生涟漪效应，使其影响范围远远超出单个公司的盈亏。对于变革的阻力或反抗可能来自多个不同的层级。

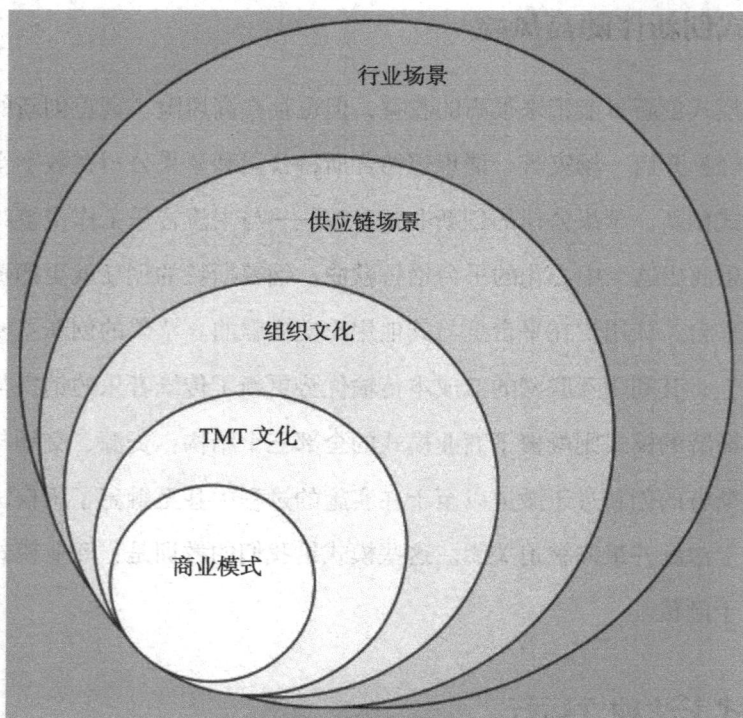

图 4-2　商业模式场景

## 落地实施有多好，商业模式才有多好

　　商业模式不是一张图，也不是盈利性的展示。一个伟大的商业模式需要落地实施。创业者或经理人都必须将商业模式地图付诸实践，用一系列活动和流程将组织的资源利用和转化起来。好的商业模式如果落地实施没做好，就成了差的商业模式。这就是风险投资者十分看重创业团队的原因。优秀的落地实施可以补救一个普通的商业模式或"带它起飞"；糟糕的落地实施通常会以组织的失败告终，无论其商业模式本身有多好。

　　请思考一下跃迁公司（Leap Transit）的案例。2013 年，旧金山的一群创业者创立了跃迁公司并进行了试运营。这是一个私人交通出行系统，目标用户群体是湾区日益增长的年轻中产科技员工。该公司的商业模式是采用一种差异化的公共交通运行方式，其费用更高，专门服务于那些不愿意开车通勤的群体。这个创新看起来非常合理，尤其是在这么一个高人口密度和高财富聚集的都市区域。公司获得了来自拥有丰富经验的投资人250万美元的投资并于2013年开始提供服务。但这个商业模式实施得并不好。交通是一个法规繁多的行业，公司迟迟未能从加州政府处拿到业务许可，其车辆不符合残疾人保障法规的要求。公司被立即关停，整个2014年一直处于停业状态。2015年，该公司重启服务，却一直挣扎于无法保持确定的路线或者建立稳定的用户群体。同样是因为运营许可的问题，加州政府又一次关停了该公司。跃迁公司于当年年底宣告破产。

## 商业模式是变化的

商业模式可能会因为多种动力或需求而改变。我们会在第四部分详细讨论这些内容，不过，有几点值得提一下。一方面，商业模式的改进可能是为了解决管理问题来应对外部变化。比如，创业者或经理人可能发现关键的资源、交易或价值创造已经无法将公司资源与市场连接起来。另一方面，商业模式可能由于公司内部的一些原因发生变化，比如，公司的管理视角或创业目标发生了改变。IBM的研究表明（如图4-3所示），商业模式变革最可能由四种因素驱动，即成本下降、战略弹性、专业化和新市场开发。

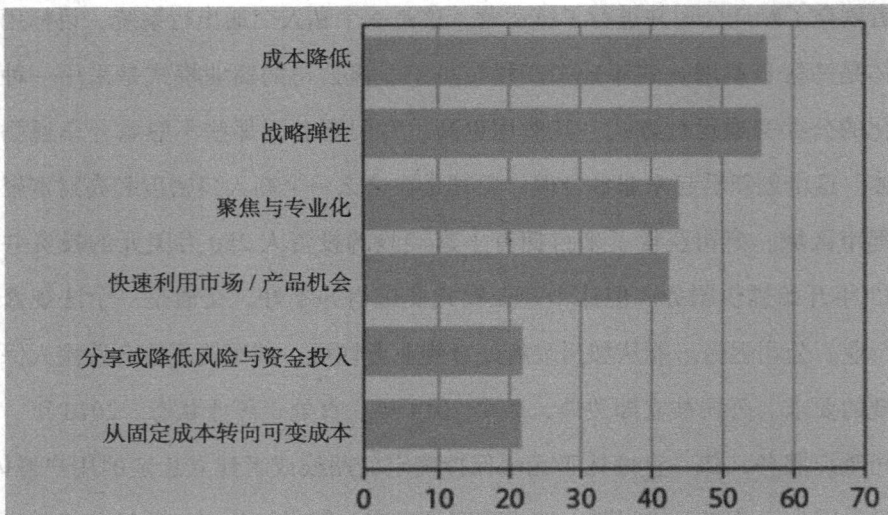

图 4-3  商业模式创新的最常见驱动力

资料来源：data from 'Expanding the innovation horizon：the global CEO study 2006'，IBM Global Business Services，March 2006.

## 商业模式变革并不容易

商业模式的变革很可能是组织管理中最困难的变革过程。

这是为什么呢？改变一个组织的商业模式可能改变这个组织最基础的运行模式，改变其交往的对象，改变其价值创造的方式，甚至有可能是全部三者。公司的核心员工与群组将不可避免地学习陌生的新技能，获得陌生的资源，开发陌生的能力。

与战略变革、产品创新或流程重建等不同，商业模式的变革几乎总会涉及进入新领域。组织将在不知道能否应对的情况下面临未知的挑战。

当然，商业模式变革的难度不一。大体而言，商业模式变革的难度主要看多少以及哪项商业模式的架构将被改变。价值结构的改变是最难的；资源结构

的改变则是最容易的。当然，有的商业模式变革涉及更新与转变多个结构，如
图 4-4 所示，这会增加变革的难度。一些关于商业模式变革与创新的教训比较
不起眼。例如，我们自己的研究表明，成功地实践一次商业模式变革要求组织
在关注核心能力的同时不要忽略外部的市场环境。这是一个很大的挑战。类
似的，商业模式变革貌似不是一项可以学会的能力——你做得越多并不会越
容易。

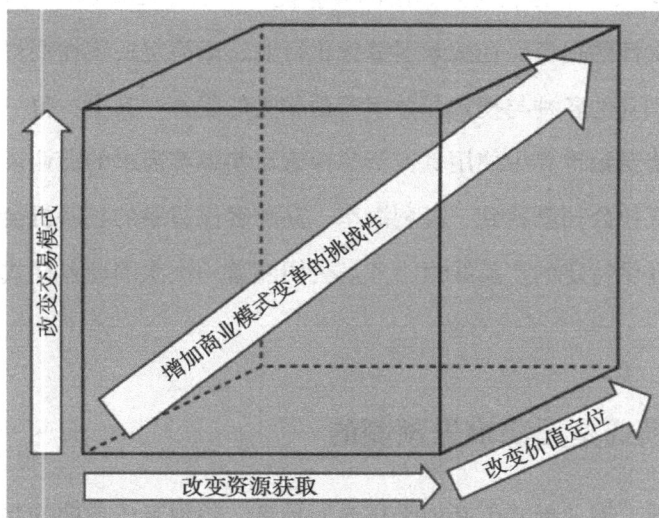

图 4-4　较为复杂的商业模式变革的难度

## 组织可以检验和实施多种商业模式

　　管理实践者与研究者曾一度认为，一家公司只能有一种商业模式。这是一
种对商业模式极简单的认识。现实是，组织总是在不断改变和适应的。最有经
验的创业者与经理人用一种动态的视角不断实时地检验与调整其商业模式中的
要素甚至是整个商业模式。非常年轻的创业公司，尤其是那些做移动应用的或
依赖于平台的初创公司，经常需要在规模化运作之前使用和检验多种多样的商

业模式。

欧塞拉公司（Ocere Ltd.）就是一个极好的例子。欧塞拉公司成立于 2009 年，2012 年已经成长为高速进化发展空间中一家令人瞩目的公司。汤姆·帕林（Tom Parling）的搜索引擎优化业务技能（SEO）正在不断积累，汤姆利用自己对谷歌搜索算法与网络爬虫系统的深刻理解，帮助欧塞拉公司的客户在使用谷歌搜索时得到更可视化的结果。但这是一个竞争愈加激烈而风险倍增的领域，几乎完全依赖于谷歌搜索算法的调整能力。到了 2013 年，汤姆发现公司过于依赖一次性的项目，在搜索引擎优化行业逐渐稳定后正在变得边缘化。他开始尝试提供其他各种与搜索和数字营销相关的服务。其中，每一项都是一种在复杂的网络营销世界中使用真实资源探索真实顾客需求的商业模式检验。不到一年，欧塞拉公司就找到了高利润率、高顾客保留率的利基机会，为全英的小型服务商提供特定的产品线索服务。公司随着一次次的商业模式检验而持续成长。

## 新的商业模式是无法事先预测的

从事后看，商业模式创新似乎很显而易见。想想音乐单曲的起起落落吧！如果我们把时间倒回到很久以前，音乐大多数都以每分钟 45 转黑胶唱片上的单曲的形式销售。每分钟 33 转慢转唱片的出现开启了长达 30 年专辑音乐销售的统治（黑胶唱片、卡带、激光唱片）。随着互联网的出现，数字内容传播的成本降到了零。忽然间歌曲又可以一首一首地卖了。如今单曲的下载量又一次统治了音乐市场，如图 4-5 所示。这一创新的最大受益者既不是音乐人，也不是音乐出版商，而是苹果公司。苹果公司开发了 iTunes 音乐商店，创造了第一个能够连接主要音乐出版商的线上音乐传播系统。任何一个大牌唱片公司原本都可以这么做，但它们缺少相应的技术能力以及对数字经济时代用户会如何接触及使用音乐的远见。

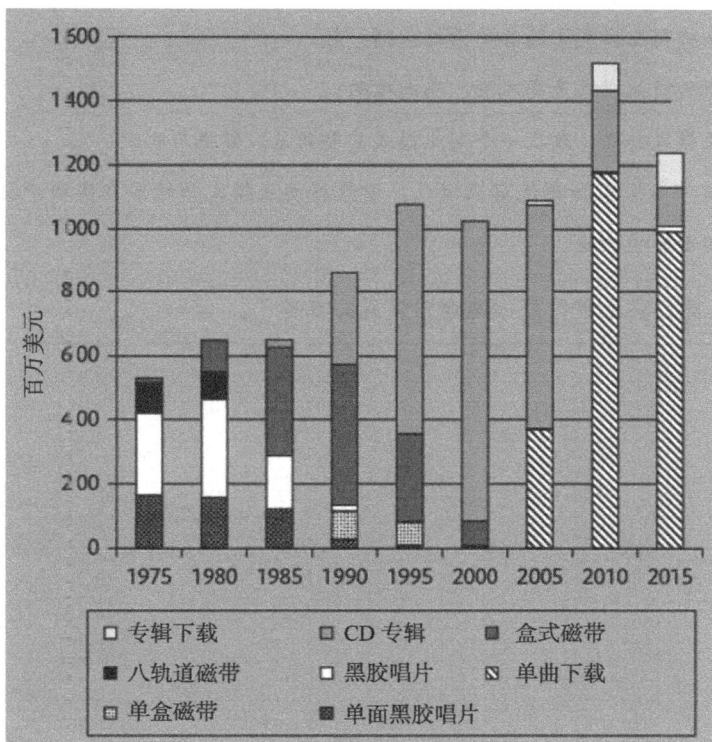

**图 4-5　不同年份音乐的分类销售情况**

---

**本章概要**

恭喜你完成了本书的第一部分。你已经比大部分创业者与经理人更了解商业模式了。你了解了商业模式分析的潜力与局限。以下是第一部分的关键知识点：

- 商业模式是解释一个组织如何创造及获取价值的一种方式；
- 商业模式是一个连接组织资源与交易的系统；

- 没有人能完全理解为什么有的商业模式成功了而有的失败了；

- 创建一种伟大的商业模式绝非易事；

- 创新的商业模式要求人们跳出传统的假设，从顾客处收集数据，寻找方法将商业模式中的各要素结合到一起；

- 创新的商业模式是高风险、高回报的；

- 商业模式会变，改变一个商业模式需要洞见、数据与测试；

- 组织可以探索和测试商业模式，但最终商业模式必须要在实践中接受现实世界的检验。

阅读至此，你已经做好创建商业模式的准备了。

The Business
Model Book

第二部分
商业模式元素——RTVN
框架

在本部分，我们确定了商业模式的三个方面，并学习如何将它们组合在一起。我们可以将商业模式想象成三角金字塔，可以从三种不同的角度（资源、交易和价值）来看待商业模式。这三个要素结合在一起，构成了多种商业模式的核心框架。无论阶段、规模或类型如何，此方法均可用于任何组织。当然，金字塔有一个面向地面的隐藏面，这是商业模式的具体目标与内容叙事，即实现商业模式目标的基础，以此指导如何做出各种必要的权衡。

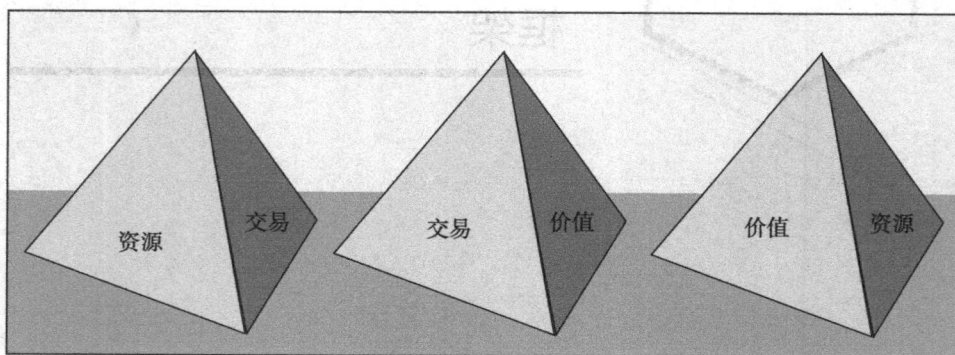

**商业模式的三种视角**

当将资源、交易和价值联系起来时，商业模式便成了连贯的整体。对于一致性的理解会帮助我们完成商业模式映射和画布，一旦我们拥有了设计工具，这些元素也将为商业模式的变革和创新提供框架。

**The Business Model Book**

第五章
# 使资源匹配你的业务

"根据你所选择的商业模式，相同的产品、服务或技术可能会失败或成功。探索这些可能性对于找到成功的商业模式至关重要。停留在第一个想法会有错失潜力的风险，这些潜力只能通过原型设计和检验不同的替代方案来发现。"

——亚历山大·奥斯特瓦德

虽然商业模式分析可以从任何地方开始，但大多数管理者和创业者都从资源分析开始。资源结构是商业模式中最容易识别和具体化的部分（如图 5-1 所示）。职业经理人习惯于将资源视为运营和战略规划的一部分。其他视角总是存在，但还是一次分析一种视角比较好。

资源是组织用来创造价值的所有"事物"。组织的"基于资源的观点"是了解某些公司如何和为何成为强大竞争对手的有力视角。实际上，组织的资源是创建商业模式的原材料。

当你开始探索、设计、构建和修正自己的商业模式时，关键资源之一将是商业模式团队。团队成员可能是你的同事、朋友、顾问或其他值得信赖的专家。你的商业模式团队可帮助你在正确的轨道上前进，并为你的商业模式创建提供创意。确实，把团队成员聚集在一起需要投入时间，但是团队可以比一个人更快地创建和评估商业模式。此外，与单一创业者或经理人相比，多元化团队更有可能产生新的、创新的商业模式。

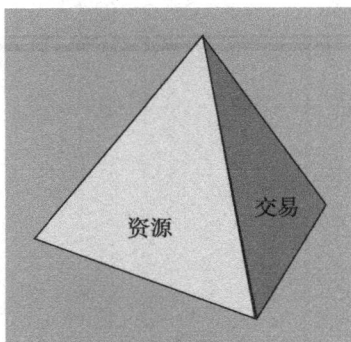

图 5-1　商业模式的资源观

## 创建商业模式的资源

　　创建商业模式的资源类型包括资产、知识和各种能力，其也可以分为有形资源和无形资源。表 5-1 对组织资源及其示例进行了分类。

　　理解和评估商业模式的资源结构有三个步骤。首先，我们必须清点可用和必要的资源，并注意资源类型。其次，我们必须评估资源用于创建商业模式的价值。最后，我们必须考虑商业模式是否会有效地利用和扩展这些资源。

表 5-1　资源及其示例分类

| 类型 | 有形资源 | 无形资源 |
|---|---|---|
| 资产 | 设备 | 与供应商的关系 |
| 知识 | 生产过程的步骤与要求；知识产权 | 经验所得的信息 |
| 能力 | 持续的高制造产出 | 持续的高制造产出质量 |

　　以下内容有助于我们进行资源结构的分析。首先，并非所有资源都是平等

创造的。即使我们可以对每种资源都制定明确的价值指标，也不能保证可以做出较为一致和适当的比较。有些资源，如专业能力或知识，需要时间来积累。同样，无形资源也可能无法转让。

其次，评估资源结构及其如何与交易和价值结构相互影响这一点至关重要。商业模式分析中的常见错误是只关注一两种关键资源的特定价值。

最后，比较好的做法是在分析商业模式的交易和价值结构之后，再返回到资源结构上。由于大多数分析都是从资源开始的，因此，在分析中错过关键资源或资源间的交互影响是很常见的。例如，许多商业模式分析低估了关键客户或渠道关系的重要性。而在分析交易结构时，管理者通常会正确地考虑这些。同时，这些关系也是一种组织资源。它们可能代表数月、数年或数十年的努力。

这里的关键问题是："组织的人力资源怎么样？"显然，人往往是组织最重要的资产。在早期阶段，单个人的重要性可能特别关键。简言之，关注这些个人带给组织的关键知识或能力通常更有效。我们通常可以识别某位独特人员的知识和能力并将其分类显示在资源网格中。这对于商业模式分析非常重要，因为企业往往不能总是依赖某位独特人员进行发展。此外，分析使某人不可或缺的基础信息和能力也可能有助于阐明如何在商业模式中利用这个人的时间。

有时，关键资源似乎很明显，我们以蜂窝物流公司（Cellular Logistics, Inc.）为例。威斯康星大学麦迪逊分校的生理学博士生艾瑞克·斯慕（Eric Schmuck）开发了一种可以帮助治愈心脏组织疾病的生物材料。他于 2016 年成立了一家初创公司——蜂窝物流，将该技术商业化。一般来讲，艾瑞克是这家公司最重要的人力资源——他比世界上任何人都更了解这种材料。那么，他如何融入蜂窝物流的商业模式呢？首先，我们需要知道，专利材料这项资产是从高校资源转化而来的。艾瑞克对初创公司的真正价值在于他具有与生产、测试和使用材料相关的知识和能力。此外，艾瑞克还在学习企业管理和技术创业知识。他将从专家指导和管理指导中显著获益，从而将这项复杂的创新商业化。

## 你有 SHaRP 资源吗

并非每种组织资源都对一个伟大的商业模式至关重要。毕竟，许多资源在各个组织中都很常见：纸张、计算机、互联网访问、写作技巧、会计，等等。换句话说，大多数资源是必要的，但还不充分。用我们的话来说，基于著名管理学者的研究，可以确定重要资源的特征。

构建伟大的商业模式需要具备的资源应该具有 SHaRP 特征：专业化（Specialised，S）、难复制（Hard to copy，H）、稀缺性（Rare，R）和珍贵性（Precious，P）。

图 5-2 展示了这些资源的组合方式。

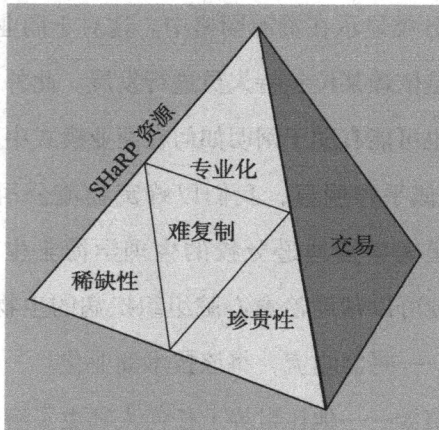

图 5-2　伟大的商业模式的 SHaRP 资源

这些资源的重要程度取决于组织的性质。例如，在一家高成长的技术公司中，资源的稀缺性和专业化十分重要，而一家小型本地零售商店则不需要具有相同程度的独特性就能生存。

**专业化**。有些组织资源在不同商业模式中很常见。大家都知道，每个组织都需要保持沟通、管理活动、跟踪结果并奖励员工。用于实现这些普遍目标的资源通常相同：纸张、计算机、人力资源政策，等等。

有些资源是非常专业化的，专利和商业秘密是典型的例子。但有时资源是排他的，因为其使用方式独特。全球数千家技术公司都需要用到设计和软件工程技能。在苹果公司，这些技能经过培训和部署转化为了独特、流行的产品，改变了人们实际使用技术产品的方式。例如，自大约 2004 年以来，苹果公司的 iPod® 产品线占据了全球约 75% 的 MP3 播放器市场。其中一些成功源于保护专有设计，是设计、软件和对音乐使用理解的原始组合推动了成功。请记住，iPod 既不是第一个 MP3 播放器，也不是最便宜的选择。

我们可以从亚当·萨克利夫（Adam Sutcliffe）的故事中看到专业能力的典范。他以人为本的设计与对临床环境中手部消毒挑战的洞察的独特结合，促成了他的创新即奥宝。萨克利夫利用这种先进技巧开发出了一种手部消毒剂。其依靠人类的本能即擦拭自己的衣服来给手部消毒。奥宝精确地附着在衣服上，因此擦拭反射会为手部消毒，而不是将更多的细菌传染给人们。

**难复制**。有些资源难以复制或模仿，如可口可乐的生产配方是难以模仿的资源。然而，在大多数情况下，难复制的资源源于时间性或体验上的优势。传统上，这些资源仍然可以在独特的制造或配置过程中找到。但在高技能劳动者的能力、组织文化和关系管理方面我们也可以观察到难复制的资源。

**稀缺性**。有些资源很少见。稀缺性具有内在价值，在商业模式中，资源稀缺性可以指不常见的资产、不寻常的知识和独特的能力。医院可能投资于复杂的成像设备，如磁共振成像（MRI）扫描仪。如果该地区没有其他医院或诊所拥有类似的设备，那么这种稀缺的资源可能是医院运营的价值要素。当然，需要训练有素的技术人员来操作扫描仪和医生来解释结果。稀缺资源在与其他专业化的（有时是稀缺的）资源相组合时通常最有价值。

许多初创技术公司依赖于主要发明人的科学或工程专业知识。蜂窝物流公司就属于这种情况。技术创新者艾瑞克·斯慕博士是世界上拥有该公司专有生物材料培养和制造过程所需知识和专长的少数人之一。

稀缺性也可以是相对的。对于使用 MRI 扫描仪的医院而言，稀缺性源于该资源在当地而非全球的稀缺。世界上还有其他 MRI 扫描仪：患者可以通过跨越足够远的距离接受 MRI 服务。此外，医院可能无法控制其他设施获取 MRI 技术。蜂窝物流公司也是如此。制造技能和培养细胞的基础并不特别。其他人都可以用这种材料进行尝试。对于蜂窝物流公司而言，这些流程很少见，因为没有其他人尝试过这些流程。为了保持资源的稀缺性，斯慕博士需要继续自己的学习和技能建设，或者将其资源投入到其他仍然稀缺的流程或能力上。

你不需要找到专门的初创公司来了解稀缺性和内隐能力的强大功能。许多我们熟悉的大公司，都会定期为技术人员布置新技能的开发任务。在汽车行业，丰田和雷克萨斯在全面质量管理（TQM）和六西格玛质量体系方面处于世界领先地位。虽然 TQM 强调自动化和制造设计，但其实施仍然有复杂的人类主观能动性在发挥作用。2015 年，在肯塔基州开设的雷克萨斯制造工厂，工人们接受了"使用手指寻找缺陷"的培训。这是一个培养"无形"能力、积累无形资源的例子。通过对工人进行经验培训，使其将客观信息与主管感觉结合起来，获得熟练的知识和技能。

**珍贵性**。有些资源比其他资源更有价值。如果你经营一家以收取佣金为生的旅行商店，那么一些有形的资产可以支持销售。异国景点充满情调的照片和纪念品、游轮模型，以及老客户的推荐，都能为你的商店带来收益。计算机和快速的互联网连接可能更为重要，因为客户希望查看当前的价格、特等舱选项以及有关天气和航班的实时信息。然而最终，你最宝贵的技能可能是与潜在客户交谈的销售人员的能力。销售人员业务娴熟吗？在查询价格和选项时，她能否让客户参与进来？她能说服客户考虑附加选项或进行升级吗？客户在支付首付款后是否感到兴奋或担忧？你的"产品"可能包括食品、住宿和交通等各种安排，但最有价值的销售人员甚至在顾客的假期开始前就会销售某种体验。最重要的是，宝贵的资源是产品和服务具有可行性的基础。

"你不能通过商业模式摆脱糟糕的产品。"

——提姆·沃乃尔（Tim O'Neil）

很少有资源能满足所有 SHaRP 特性。SHaRP 特征越多，资源就越有价值。请记住，同一种资源对每个组织的重要性是不同的。对于汽水罐公司来说，铝只是一种产品材料，而对于航空航天公司来说，是否拥有特殊等级的铝决定了飞机能否起飞。表 5-2 展示了资源（信息技术）的变体，以显示相关资源如何在特定商业模式中提供不同的价值。

让我们看看放牧（Graze）公司的例子，它经营着英美两国最大的直邮快餐店，向顾客发送"发现盒"，向他们介绍精心挑选和定制的健康零食。我们还可以看看哈罗鲜（Hello Fresh）公司，这是一家在西欧和北美几个国家以及澳大利亚开展国际送餐服务的公司。这两家公司都在颠覆传统的杂货连锁业务，并塑造客户行为。从表面上看，其商业模式相当简单——公司通过社交媒体和营销推广出售定制食品，获取客户，并提供定制产品。但是如果深入分析一下，我们会发现这两家公司需要明确使该模型可行所需的资源——其他几家公司对基于定制的在线模型的尝试失败了。这两家公司需要垂直整合能力，直接面向最终消费者进行产品的采购、制造和销售，绕过食品零售商并控制定价。然后，这两家公司需要善于处理运营的复杂性，需要针对销售目标而设计和构建定制的食品的加工、包装和分送流程。最后，这两家公司需要打造一个基于深度学习的人工智能平台，用以近乎实时地连接产品和顾客。这些是确保这两家公司生存和发展的 SHaRP 资源！

表 5-2　专业化服装零售店的 SHaRP 资源

| 资源 | 专业化 | 难复制 | 稀缺性 | 珍贵性 |
|---|---|---|---|---|
| 条形码扫描器 | | | | |
| 懂得时尚的买手 | × | × | × | × |
| 社交媒体市场专员 | × | | | × |
| 高级服装品牌 | | × | | × |
| 回头客订货 | | | | × |
| 绝佳的位置 | | | × | × |

## 利用和创建商业模式的资源

伟大的商业模式不仅仅**使用**资源。这就像一支橄榄球队，如果只是在参加比赛时临时组建一支球队，将球员随机分配在各个位置，然后在终场哨响时解散队伍，那么这支球队很难获得胜利。优秀的运动团队会寻找并培养人才，利用这些球员的特定技能和能力来赢得比赛并积累经验，以进一步发展人才基础和团队能力。获胜的商业模式以同样的方式运作。依靠和利用关键资源的商业模式，还应该构建和开发这些资源，以使商业模式随着时间的推移更加有效。

有些商业模式看起来很好，因为可以快速利用 SHaRP 资源，虽然快速应用 SHaRP 资源确实可以产生收入和利润，但却很难持续。创建可持续的商业模式取决于资源是否可以更新和发展。

利用和构建商业模式资源结构有三个关键问题。请记住，对商业模式资源的状态保持诚实和客观十分必要。你的目标是改善整体的商业模式，而不是假装一切都很好。此外，你可能会发现，当完成商业模式分析时，可以更清楚地回答这些问题。

**问题 1：商业模式是否会耗尽或增强你的组织资源和能力？**

答：有些商业模式会耗尽组织的潜在资源基础。大多数制造业企业，其基于库存和服务的商业模式都倾向于消耗现有资源。制造设备最终耗尽，需要维修或更换；制造业员工达到最高效率，最终退休或以其他方式离开公司。服务型组织十分依赖经常对执行相同流程产生不满的员工。除此之外，我们都熟悉技术过时带来的持续挑战。

有一些类型的组织对其资源价值的增加没有直接做太大的努力。例如，随着年份的增加，优质葡萄酒可能会变得更有价值。当然，这假定组织在存储前做了大量工作。我们至少可以想象一家企业购买优质葡萄酒只是为了储存起来并在未来以更高的价格出售它们。你能想到任何能够自动增加人力资源价值的商业模式吗？

大多数组织必须花费精力来不断恢复和建立资源结构。它们投资于培训、招聘、维护资产等方面。

无论多么专业化，我们在任何行业的成功组织中都可以看到建立和利用实物资产的价值。你可能不熟悉"魔术集合"（Magic），这是一款基于幻想的战略卡片游戏，在世界范围内大约有 2 000 万活跃玩家。新的卡片由海岸巫师公司（Wizards of the Coast）独家开发和发行。使用过的卡片有一个活跃的二级市场，特别是在制裁比赛中不再生产或出现的稀有牌。最有价值的卡片售价超过 10 000 美元。如今有成千上万的独特卡片。随着卡片数量的持续增加，知道哪些卡片是有价值的，并评估卡片的质量，已经成为一种稀缺的能力。

丹·博克（Dan Bock）是 PowerNine 游戏的创始人和经理，该公司活跃在魔术卡片二级市场。该公司在亿贝（eBay）网站有超过 25 000 次拍卖。亿贝和其他经销商已经要求丹·博克使用其独特且稀缺的卡片知识来帮忙识别假的卡片。随着时间的推移，丹·博克凭借其对魔术卡片的专业知识而建立了国际声誉。

PowerNine 的商业模式始于购买大量卡片（通常一次购买数万张卡片），然后将这些收藏品分别转售给亿贝上的卡片商。这个持续的过程不断增强公司的专业能力，确保丹·博克及其团队在这个高度专业化的领域仍然是世界上最精通的人。

**问题 2：商业模式是否会增加或减少组织合作伙伴关系及其资源的价值？**

常见的有缺陷的商业模式是系统通过从业务合作伙伴和合作者那里获取价值来创造价值。

在互联网泡沫时期，数百家企业开始试图利用互联网直接连接供应商和客户，绕过现有的分销系统。这种类型的过程称为去中介。其关键的基本假设是：（1）现存的分配系统效率低下；（2）可以有效地收集和传播促进购买决策所需的信息；（3）独立的第三方最有条件创建必要的基础设施并获取来自更有效的流程的回报。

美国食品在线公司（见第一章）是去中介失败的一个例子。它从食品经纪人那里榨取价值，同时试图威胁大型食品生产公司。从理论上讲，美国食品在线公司可能会为行业参与者增加价值。例如，该系统可能已经为加工肉类提供了更有效的定价，使生产者可以为更好质量的产品收取更高的价格。这可能是增加馅饼尺寸的一个例子，往往会使所有参与者受益。相反，像大多数去中介情况一样，这个过程有可能将利润从最强大的玩家转移到最弱小的玩家。这种类型的去中介很难成功。

**问题 3：商业模式之外的哪些活动会构建组织的资源结构？**

通常，组织资源结构的构建可以从与组织创造价值无关的活动中受益。然而，这实际上可能是比较棘手的。组织可能只看到此类活动的长期回报，而且回报只能通过其他组织的行动或通过组织控制之外的流程来取得。

联邦摩托车公司（Confederate Motorcycles）是一个十分具有代表性的例子。位于新奥尔良的联邦摩托车公司致力于手工制造超高端摩托车。其业务与定制有区别：公司完成一种设计，然后根据设计手工制造一定量的产品（通常少于100 台）。根据设计和运行情况，客户支付的费用通常为 50 000~100 000 英镑。

联邦摩托车公司的目标客户是超级富豪收藏家。很多人将它们存放在室内并像博物馆一样对待它们，有些人也会驾驶它们，但绝对不会飙车。然而，联邦摩托车公司每年都会将摩托车带到犹他州的盐滩，并尝试为其发动机等级确立一个陆地速度记录。为什么？

通过开发与设计和生产相关的内部能力，不仅可以在犹他州盐滩建立公司的资源结构，也可以通过近距离吸引那些超级富豪客户，建立公司的无形资源。

你可以从联邦摩托车公司的故事中学到什么？成功的商业模式可能是不同寻常和令人意外的。在创建和改进商业模式时，请保持开放的心态。最辉煌的商业模式可能需要一个与你以前考虑过的完全不同的视角。

**本章概要**

- 大多数商业模式分析从资源观出发。
- 构建优秀的商业模式需要具备的资源应该具有 SHaRP 特征，即专业化、难复制、稀缺性和珍贵性。
- 伟大的商业模式能够发展和利用组织资源，而不是耗尽组织资源。

# 第六章
# 商业模式中的交易

"当你起诉客户时，你的商业模式已经失败。"

——保罗·格雷厄姆，Viaweb 网络公司和 Y Combinator 创投公司的联合创始人

商业模式的混乱在交易中最为严重。

早期关于商业模式的学术研究侧重于交易。正如我们已经讨论过的，纯粹基于交易的商业模式方法非常强大。然而，无论好坏，它已被更多以实践为导向的方法所取代。

## 交易连接资源

商业模式金字塔的第二面是基于交易的透视图。交易是在价值创建过程中连接、组合和交换资源的连接器。有时这些交易很明显；有时它们非常微妙甚至会隐藏起来。

最著名的商业模式创新和颠覆的例子是基于商业模式的交易结构的变革。亿贝、Priceline、Googles AdSense 计划、iTunes® 和阿里巴巴等都是由新颖的交易方法驱动行业颠覆式商业模式创新的例子。

如图 6-1 所示，任何商业模式中都有三种类型的交易。内部交易完全在组

织内部进行。它们连接人员、团体、系统或公司内实体的任何组合。外部交易完全发生在组织外部，但是与组织的价值创造过程相链接或与之相关联。跨界交易（boundary-spanning transactions，BST）可能听起来很奇特，但实际上它们是人们最熟悉的交易类型。跨界交易将组织内部的某些资源与组织外部的资源联系起来。这些交易跨越组织与外部环境的边界。

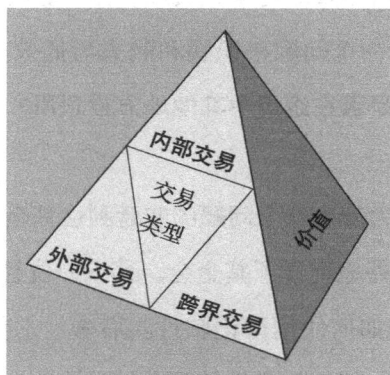

图 6-1　商业模式的交易观

## 内部交易

你可能从来没有想过，你所在组织的大部分交易都是内部交易。管理人员通常关注与外部各方的交易，如客户、合作伙伴、供应商甚至竞争对手。现实情况是每项组织活动或流程都是一项交易——内部资源的连接或组合。内部交易包括招聘、制造、会议，等等。

这种观点提出了一个挑战：哪些交易对商业模式分析至关重要？精明的管理者将注意力集中在满足三个标准中至少两个标准的内部交易：必要性、具体化和差异化。

必要的交易似乎很直白。但显然，组织中存在的并不都是必要的交易。

不必要的内部交易包括浪费的工作时间和精力以及毫无价值的活动。我们希望前者主要是员工敬业度低和人力资源政策差的案例。然而，后者通常与效率低下的商业模式直接相关。

随着组织的发展和变革，曾经重要的活动可能会变得不重要。有些组织的活动其生成是有意义的，但实际上是在做一些不重要的工作。在这两种情况下，交易的输出都会与所涉及的特定人员或团体一起终止。

我们可以通过提出一个问题来识别和隔离与低效商业模式相关的内部交易：**交易或活动的输出是否在组织中其他地方被利用？** 如果答案是否定的，则可能是无用的内部交易。

我们曾经与一家努力解决这个问题的非营利性基金会合作。在簿记软件方面受过培训的志愿者意外地离开了基金会。其中一位管理员开始在 Excel 中进行簿记，因为她不知道如何使用簿记软件。后来，一位新的财务主管将所有交易转移到会计软件中。但管理员继续将数据导出到 Excel 以生成定期财务报告。董事会成员收到了，但没有使用这些报告，因为它们不是标准格式，并且没有与簿记软件的输出相匹配。换句话说，这种内部交易的输出是条死路。

高效且独特的内部交易有助于使组织与竞争对手形成差异化。在大多数组织中，只有极少数的内部交易符合此要求。请记住，这些仍然是**内部交易**，因此必须通过其他价值创造活动获得差异化效果。你的组织是否以不同方式做内部交易，以便在客户或合作伙伴那里获得与众不同的机会？

PowerNine 公司是有效利用内部交易的很好例子。培训员工是一项关键的内部交易：它以时间的机会成本交换技能的开发。在 PowerNine 公司，领导团队培训新员工购买二手卡收藏品的方式与大多数其他卡片交易商和卖家不同。该行业的大多数小型企业都有以现金购买的"卡片购买清单"。这简化了他们的交易并保持了每笔交易的低成本。但是，PowerNine 公司创始人丹·博克意识到，许多卖家想要在一次交易中获得整个收藏系列。每个人都知道大多数卡片几乎没有价值，但卖家可能拥有数千张这些近乎无价值的卡片。

所以丹·博克培训员工抓住一切机会出价，以便不错过卡片获取机会，因为卖家最有价值的卡片不在公司的"购买清单"上。这也确保了在给定的展会或活动中几乎所有卖家在他们的销售过程中都要与PowerNine公司对话。这大大增加了卖家将来再次与PowerNine交谈的概率。丹·博克知道最有可能的客户是曾经的客户。培训员工的内部交易使公司在玩家想要清算收藏品的重要时刻实现差异化。

最后的特征是交易具体化。有些内部交易可以通过多种方式完成。在非营利性基金会的例子里，相关人员可以从种类繁多的簿记系统生成财务数据并以多种方式传达给董事会（如电子文件、讲义、幻灯片、口头小结等）。该基金会还可以将整个簿记过程外包给外部服务提供商。换句话说，基金会的簿记活动很重要，但不具体或没有使基金会的商业模式差异化。

## 跨界交易

在商业模式中，跨界交易是在行动点上将组织与客户、合作伙伴、竞争对手以及组织外的任何其他组织或个人联系起来。一个企业利用并依靠内部资源创造价值，然后开发并利用跨界交易**捕获**该价值。

基本的跨界交易包括向客户销售产品或从供应商处购买材料。要了解商业模式的核心，需要采用更复杂的方法来进行跨界交易。

如果你正在尝试评估、改进或创新商业模式，而不知道从哪里开始，请从跨界交易开始。你很可能会发现这里存在最突出的问题或机会。

一方面，跨界交易通常与供应商和客户相关联。这是价值链分析的一部分，侧重于生产投入和产出。实际上，大多数企业拥有明显更多的跨界交易，尽管其中许多都相对无差别。

对许多老企业和家族企业来说，这可能是一项严峻的挑战。在传统的框架中，一家小企业与银行关系密切。这种关系通常基于与某位特定银行家的个人互动。特别是在企业需要快速获得资金的情况下，这种关系代表了公司的重要跨界交易。

如今，银行服务明显更加商品化，诸如小企业贷款之类的流程通常需要在金融机构内进行高度标准化的审查。换言之，对于大多数小企业而言，金融跨界交易已经成为商业模式中不太重要的组成部分，因为这项核心服务可以从许多金融机构获得。

另一方面，营销、分销和服务渠道变得更加重要。通信的即时性，特别是在线系统，为小企业创造了机遇和挑战。通过大型零售商（ASDA、乐购等）销售消费产品提供了令人难以置信的规模经济，但这要求企业满足运营和信息需求。零售商通过在线网站（如阿里巴巴、亚马逊或亿贝）进行分发，提供了类似的规模经济机会，但要求企业适应与客户的信息丰富的、面向服务的互动。在企业对企业供应链中可以看到类似的效果，其中，通信和企业资源规划软件在企业及其各种合作者和合作伙伴之间提供深入而复杂的连接。客户旅程地图是一个可以帮助我们更好地理解交易结构的强大工具。探索客户与组织的整个互动过程可以提供令人大开眼界的体验，从而帮助你以全新的方式思考组织的业务模式。通过更改客户的定义，客户旅程地图几乎可用于任何交易。毕竟你的组织是与供应商交易的客户。如果你们是合作伙伴关系，那么两个实体从严格意义上来说都是彼此的"客户"。

星展集团（DBS Group）在新加坡是一家传统银行的典范，通过沉浸在亚洲快节奏的商业文化中，将自身转变为世界上最好的数字银行。星展银行重新设想自己是一家拥有 22 000 名员工的初创企业，聚焦于"客户的旅程"。每位高级管理团队成员都必须参与"客户之旅"，了解他们的体验，并找到创新服务的方法，以便在客户购买服务前实现与客户的对接和互动。例如，DBS 推出了 DBS 客户连接应用程序，为消费者提供房屋购买历史和特定位置等信息，如交通信息和购物地点信息。该应用程序在客户做出抵押贷款申请决定前就将 DBS 嵌入到客户旅程中。零售银行和财富管理客户旅程的类似转变，也意味着星展银行正在使用金融科技方法将传统、非人格化的银行业务转变为"金融业之乐"。到 2016 年，星展银行开始赢得"亚洲最佳银行"和"怡安翰威特亚洲最佳雇主"的荣誉。

## 外部交易

外部交易完全在组织之外进行。这些交易以各种方式连接你所在组织的人员、群组和各种实体。与此同时，它们有时是如此隐蔽或微妙，以至于管理者可能不知道自己在可行的商业模式中的作用。

请考虑以下的例子。当你合法购买数字歌曲或专辑时，你需要向分销商付款（如苹果公司）。如果你通过流媒体服务收听歌曲或专辑，你可以间接向经销商（如声田公司）支付部分费用或通过收听广告免费访问。苹果公司和声田公司与主要音乐出版商（如索尼和 BMG）签订了广泛的许可协议，以分享这些销售收益。出版商与音乐家和相关团体保持关系。声田公司的商业模式依赖于这些关系，即使声田公司不与大多数艺术家互动。从艺术家或出版商的角度来看，你的购买在技术上是一种外部交易，因为它发生在组织和控制之外。

你所在组织业务模式的关键外部交易是什么？你可能可以识别数十个交易，特别是如果你跟踪每笔交易。但是，大多数交易对组织的运营并不重要。

例如，当我们教授大学课程时，依靠电子邮件与学生交流。与每封电子邮件关联的交易、人员、系统和组织的数量迅速超出合理的计算范围。但这些既不是大学的商业模式所特有的，也不是不可替代的。

遗憾的是，没有简单、一致的方法来识别对你的组织最重要的外部交易。随着你对商业模式分析越来越熟悉，你可能会发现这个过程变得更加容易。

## 交易框架的价值创造

资源决定了组织**创造**的价值，交易则框定了组织可以**捕获**的价值。捕获价值通常比创造价值困难得多。许多创业者确切地知道他们想要把什么推向市场，无论是实体产品还是无形服务。但是，创造有价值的东西并不意味着组织会实际捕得价值。

事实上，有些创业者创造价值并允许其他个人或组织捕获这一价值。克雷格列表（美国）公司通过其在线分类平台创造了巨大的价值，但是仅针对特定类型的帖子（例如，旧金山和纽约的公寓）捕获了价值。由平台所创造的价值是由用户——在其他位置发布或回复帖子以获取其他内容的人员所捕获或实现的。对于客齐集（Gumtree）公司来说，情况大致相同，这家公司于 2005 年被亿贝收购。

许多初创企业，特别是那些在传统行业中具有创新技术的企业，都在努力捕捉它们可以创造的价值。在《跨越鸿沟》（*Crossing the Chasm*）一书中，杰弗里·摩尔（Geoffrey Moore）描述了向主流市场销售创新产品的挑战。大多数创业公司就是这种情况，但传统行业的创新产品通常更具挑战性。在传统行业中，市场是成熟的，可能很少或根本没有创新或早期客户群。初创公司和未经检验的新创公司面临交易治理问题。这类组织几乎没有合法性保障，目标客户在信任和合规方面所付出的成本很高。如果产品或服务出现问题，客户几乎没有追索权，因为初创公司的选择有限。大多数初创公司没有足够的资源来提供高水平的客户支持。而且，如果产品或服务失败，客户不太可能收回任何损失。

应对这些挑战的很好例子是波拉米公司（Plumis）和北极公司（Arctica），这两家公司实际上是兄妹式组织。它们都是伦敦设计公司（由伦敦帝国理工学院和皇家艺术学院合伙成立）创办的。两者都涉猎工程和设计研究，由创业学生领导。而且最重要的是，两者都是以极具创新性的技术进入非常成熟的传统行业。

波拉米公司正致力于将一种新型的雾状灭火系统商业化；北极公司则在将一种新型低功率空调系统商业化。消防安全和暖通空调行业受到大型成熟公司的严格监管和主导。它们都创建了示范项目，以突出各自的创新如何解决未满足的客户需求，但两者都无法在销售方面取得进展。

北极公司团队认为，进入市场和获得增长需要太长时间，因而与一家以绿色业务为主导的工程公司 Monodraught 进行收购谈判。这为创始人提供了进行其他创新的机会。波拉米公司团队则决定单独行动。他们成功地解决了各种监管和行业障碍，将灭火系统产品推向市场。创新的价值创造大致相同，但建立捕获为客户创造的价值必要的交易系统需要花五年的时间。没有简单的方法来判断一个选择是否比其他选择更好。两家公司采取不同的路径并取得了不同的结果。

最终，交易既可以推动也可以限制价值创造。请记住，捕获的价值形式不仅仅是收入，还可能包括信息、积极情绪、品牌认同、信任等。你的组织是否创造了很多价值但无法捕捉价值呢？那么你应该从跨界交易开始做起。谁应该从组织创造的价值中获益最多？你的组织如何与这些受益人建立联系？

# 在商业模式中设计交易

基于交易的商业模式设计方法通常是最不为人理解的。然而，最著名的商业模式创新或颠覆的例子往往都与交易结构的改变有关，商业模式创新可以通过改变任何商业模式组件或组件组合实现，但商业模式的颠覆通常反映了交易的改变。苹果公司通过与主要音乐出版商建立关系并创建合法的发行渠道，而不是通过创建自己的新音乐内容或成为音乐出版商来赢得"音乐下载战"，Priceline 没有自建酒店，而是为酒店客房预订提供了一种新颖的交易模式。

评估商业模式中的交易是重要的第一步，但设计或重新设计交易往往更具挑战性。好消息是，一旦你完成了这项练习，下次你可能会感觉很容易。

遗憾的是，没有经过验证的工具可用于设计商业模式交易。各种业务设计系统的基本原则，如业务流程再造、全面质量管理（六西格玛）、活动分析和即时系统等都可能会有所帮助。与此同时，这些系统倾向于强调内部流程，更关注效率而非创新。

对大多数组织而言，暴力法（brute-force approach）也不太可能有所帮助。各种各样的公司交易清单可能都难以对新的或改进的交易系统做出清晰而有说服力的洞察。

完成一个或多个画布活动（第九章~第十二章）可能足以设计或重新设计你的商业模式交易结构。然而，如果你发现自己的画布在资源和价值创新方面表现优秀，但在交易方面却相当平凡，那么，你可能需要进行一些额外干预。我们建议采用以下三步流程来应对这一重要挑战。

## 第一步：绘制你的交易模型

用简单的图表绘制出关键交易是很好的起步。流程图、框图、箭头图或自由勾画都可以。以你的组织为中心，绘制出决定如何捕获价值的关键交易。在这个过程中，你可能需要提出一些问题：谁付钱给你？你付钱给谁？还有哪些其他重要的合作伙伴关系可以推动组织的日常活动？关于市场的关键信息来自哪里？如有疑问，你都可以写下来。明确这些问题以后，你可以将其删除。

思维导图可能是绘制交易结构的有用方法。有许多免费的在线思维导图工具。我们鼓励学生使用这些工具。

## 第二步：识别夹点

既然你已经有了一张图表，确实制作了思维导图或原理图，那么你现在需要考虑夹点问题。你的目标是找出以某种方式限制商业模式发挥效用的3~5个特定交易。你可能已经有些怀疑，现在是时候将它们记录为假设或直觉了。

你可以尝试提出以下问题：

- 哪些交易使用最多的组织资源？
- 是否有任何交易隐藏了不明确的治理政策或治理政策不够具体？
- 重要交易是否存在显著的交叉？有些交易是否只在其他交易失败或无意中被忽略时才会发生？
- 哪些交易需要进行广泛的监控或补救？
- 是否有些交易可以去除而不直接影响价值创造或价值获取？

## 第三步：探索不同的交易

如前所述，设计新的交易结构、内容和治理策略通常是商业模式设计（或再设计）中最困难的因素。如果你遇到了这种情况，请不要气馁！

当然，有时交易设计（或再设计）问题只是扑向你；而有时是你在认真绘图和解锁的过程中发现了某些需要解决的交易设计问题。如果发生这种情况，所需的修改就变得很明显。

在汉普顿酒店（Hampton Inn and Suites）使用的满意度调查中我们就可以看到交易的再设计。该酒店是希尔顿酒店（Hilton Hotels）及度假村公司（Resorts Company）的子公司。该连锁店旗下的 2 000 多家酒店主要分布在北美和欧洲，主要以商务旅客和家庭客户为目标客户。客人入住酒店后，酒店会邀请客人参加有关其体验的在线调查。调查中的一个问题是，"在您入住期间，您是否了解汉普顿酒店 100% 满意度保证？"这是一种以正面方式向客人提示交易治理策略的有效机制。报告问题的客人可能会将此视为申请退款的机会或再次尝试入住该酒店的理由。无论哪种情况，它都提供了一种机制来修复不满意的客户体验。满意的客户可能认为他们做出了不错的选择。

## 交易设计（再设计）

有时，交易设计的三步流程还不够。特别是在交易过程根深蒂固并深入人心的情况下，改变特定交易或整个交易过程十分困难。

有许多高级交易设计（再设计）方法可以改变你对组织中交易的看法。表6-1 列示了十几种方法。

表 6-1　高级交易设计（再设计）方法示例

| 去中介 | 延伸 |
|---|---|
| 简单化 | 虚拟化 |
| 结合式 | 解压 |
| 外包 | 消除 |
| 暴露 | 隐藏 |
| 更新 | 整合式 |

无论三步流程是否为你提供了有用的交易设计方向，此列表都可以帮助你快速了解商业模式中有关交易的新方法。每种方法都代表了一种改变你对组织交易看法的可能。这是一个利用你的商业模式团队专业知识和创造力的绝佳机会。

## 本章概要

- 商业模式的交易观既强大又具有挑战性。
- 最激动人心的商业模式变革和创新往往涉及新颖的交易系统。
- 出色的商业模式可以解决内部交易、外部交易和跨界交易中存在的问题。
- 设计交易可以借助绘图、识别夹点和探索替代方案三步流程。

## 第七章
# 设计商业模式的价值

"许多初创企业起初都过早地关注商业模式，特别是收入来源、销售渠道、成本控制等，它们留下了所谓的'解决方案'——但它们真的可以通过发现有价值、可用和可行的解决方案来解决目标客户的问题吗？"

——马蒂·凯根，硅谷产品集团

公司战略关乎相对于竞争者的价值，商业模式则决定了**绝对价值**。一个可行的商业模式产生价值。

当谈论商业模式的价值维度时，我们是在讨论几乎所有组织活动背后的深层机制和系统。组织存在的目的就在于实现个人所力不能及的目标。因此，我们需要将商业模式的**价值**看作组织**设计**的结果。

## 设计在伟大商业模式中的作用

组织的元素在设计中相互关联。前面的章节已经指出，元素是资源，关联是交易。组织的设计是能够产生有价值结果的逻辑或系统。

商业模式设计的要素其实有两个。第一个是其价值维度，即商业模式如何创造和捕捉价值。当资源和交易能够匹配需求并合理分配时，商业模式设计就能创造价值。第二个则是商业模式叙述，这部分内容我们将在第八章详细介绍。

我们为什么要强调这个内容？原因在于大多数创业者和经理人都没有主动地或者有目的地为他们的组织设计商业模式。他们只是坚持不懈地投入工作中以期获得成功。

大多数商业模式是在没有正式设计规划的情况下出现的。然而，商业模式研究者与应用者的普遍共识是，有目的地设计有助于确保商业模式实现预期目标。换言之，设计商业模式的**过程**提升了组织创造真实价值的概率。

设计过程可以帮助实践者深入了解可能会错过的各种商业模式细节。商业模式资源之间是否存在协同或冲突？交易是否帮助组织通过提取并利用资源的方式实现最大的价值？

"企业设计商业模式的过程本身就可以创造巨大的价值。"

——拉斐尔·阿米特教授，沃顿商学院

对于给定的一组资源和交易，可能会存在一个可行的商业模式，或者可能存在几十个、几百个甚至更多。改变其中一个元素就意味着一组商业模式设计的变化。

这在未成熟的市场和行业尤为重要。在 20 世纪 90 年代末至 21 世纪初，许多类型的信息技术服务都是如此。在人工智能和再生医学等行业中尤其如此。在这些案例中，最优化设计尚未被**发现**，因为尚不存在。相反，有效的商业模式设计必须依赖于直觉，并通过不断的实验与检验才能实现。

在商业模式的设计思维中，没有什么是一成不变的。如果特定的商业模式元素或者交易看起来是需要解决的问题却并不重要，就尝试放弃它，并寻找可替代的其他商业模式设计。

## 识别利益相关者

商业模式设计的第一步是识别利益相关者。

利益相关者是指对组织生产活动有益的个人或组织。最常见的利益相关者是客户和投资者，当然也包括员工。在现实中，总是还有更多其他利益相关者。正如在第六章中所展示的交易模式，这些利益相关者的重要性序列也并非一成不变。

电子邮件营销业全球领军者利特·帕斯公司（Return Path）就是建立在对利益相关者利益的重新排序上。这家公司明确地将员工视为首要的利益相关者。正如他们的"认识我们"视频中所说的："员工第一，客户第二。"从成立之初，这就是公司商业模式的核心原则。创始人和 CEO 马特·布伦伯格（Matt Blumberg）强调："我不会经营我不想做的生意。"利益相关者的重新排序成了公司各个方面发展和成功的驱动因素。布伦伯格的博客中描述并探讨了这样的重新排序如何影响了企业的文化。这种明确的文化也展现了组织其他方面的核心价值观。

探讨利益相关者揭示了重要的商业模式假设和期望。让我们考虑利益相关者的优先顺序是如何极大地改变商业模式的。米隆·利夫尼（Miron Livny）教授是世界上分布式计算方面的知名专家。1988 年，他开发了一个用于分布式资源的高吞吐量计算系统。该系统现在被称为 HTCondor™，在全世界覆盖了 450 000 个主机和超过 3 000 个数据库。当利夫尼首次推出 Condor 系统时，他有着众多的价值优先级选择。例如，他本可以将自己设定为首要利益相关者并将该软件作为咨询项目的基础或者建立一家初创企业去推广这一系统。

然而，利夫尼将世界视为他的利益相关者。在他的想法中，世界对廉价处理能力的需求日益增长。为了满足这一需求，他将软件定位于大学正在进行的研发项目，并将架构开源。他的"组织"并不会产生利润，因为财务回报都转换为了奖学金和大学研究项目。在这里，价值捕捉过程将金钱作为中介步骤，而不是最终指标。

## 无形价值

无形价值的创造和捕捉常常是成功商业模式中一个关键却未被识别的要素。无形的资源、能力和价值是其他竞争者难以复制、获取或者征用的。

根据研究，表 7-1 提供了对于无形资源和价值活动的简单分类，以强调无形资源与价值捕捉之间的联系。

最具有影响力的商业模式设计活动之一是识别有形价值和无形价值的来源。绝大多数的企业，无论大小，都会将无形价值纳入其商业模式中。举例而言，诸多家族企业试图为家族成员创造和谋求高薪工作，有些家族企业将此作为其基本目标。

表 7-1 无形资源与价值活动分类

| 资源单位 | 类型 | 例子 | 价值创造 | 价值捕捉 |
|---|---|---|---|---|
| 个人 | 人力资本 | 通用知识<br>专有知识 | 独特的活动和流程 | 服务回报，产品回报 |
| 组织 | 组织资本 | 规范与规则<br>常规程序<br>组织文化<br>组织记忆 | 高效的活动和流程 | 低离职率，低运营成本 |
| 组织 | 技术资本 | 知识产权<br>数据库 | 信息优势 | 产品回报，客户锁定 |
| 组织 | 关系资本 | 声誉<br>品牌<br>忠诚度<br>关系网 | 低协调成本 | 长期关系 |

71

## 创造和捕捉商业模式中的价值

最终，商业模式只有在能够创造和捕捉价值时才算有效。组织倚仗于对资源和交易的**实现与保护**而提升价值，从而受益、生存和发展。现在让我们退一步，深呼吸，并尝试在更高的层次上思考自己的组织或者创业：

- 组织创造了什么价值？
- 价值是如何捕捉的？
- 如果创造或捕捉的价值不是你想要的或者可以改进，那么需要如何改进？
- 这是一个商业模式问题，还是一个运营或者执行问题？

这并不意味着一个组织必须创造所有潜在的价值或者捕捉到所创造的所有价值。实际上，许多组织包容低效的价值创造和／或价值捕捉。这些显而易见的低效率可能会降低协调成本或者促进其他个体去捕捉价值，但从长远来看将有利于你的组织。

如果你已经仔细阅读并思考了本书前面所述的内容，那么你可能已经考虑过对于商业模式的各类可能的变革方案。现在让我们思考这些改变能否改善价值创造和捕捉情况。正如我们后续将讨论的，唯一的途径就是实验。

## 为价值而设计

拉斐尔·阿米特是世界顶尖的研究商业模式的学者之一。他曾经与世界知名的创意设计公司 IDEO 合作，共同创造了一种商业模式设计流程，如图 7-1 所示。

所有商业模式实施都应该实现期望的价值创造和捕捉目标。如果你无法将商业模式创造过程与所期待的价值创造和捕捉相联系，则意味着你的商业模式中存在根本性错误。

**图 7-1　阿米特和 IDEO 合作的商业模式设计流程**

## 观察

设计有价值的商业模式，始于对价值创造的观察。当前创造的价值有多少？可以创造什么价值？如何捕获和运用价值？

理解如何为客户真正创造价值的一个强大工具是**移情设计**。这是关于观察人和组织如何实际上使用你的产品或如何在没有你的产品的情况下实际运作的一种方法。请记住，只是因为你的创新独一无二或者优于市面上任何竞争品，并不意味着客户一定会青睐它。在这背后，客户有众多理由不购买你的产品，即便你的产品是最好的。

如果你潜在的客户现在没有使用你的产品或服务，你需要去分析背后的原因。一旦你观察并且理解了他们不使用的原因，你就更容易找到你真正需要提供的东西。

"你在研发活动上每花一个小时，也应该相应地花一小时与你当前或者潜在的客户交谈。"

——马克·多尔蒂，连续创业者（个人访谈，2015）

## 合成

合成你所收集的观察数据是很直截了当的。在有些情况下，当前的消费者行为能够很合理地匹配上你所提供的产品和商业模式。

一个很好的例子就是美国威斯康星州麦迪逊市的一家叫作短堆栈（Short Stack Eatery）的小餐馆。联合创始人艾利克斯·林登迈尔（Alex Lindenmeyer）和希纳德·麦克休（Sinead McHugh）观察到麦迪逊市中心区餐厅的早餐深受欢迎。麦迪逊市高密度的大学生和新兴的咖啡社交创造了一种非传统的饮食倾向。他们发现，学生和其他市中心访客通常会在非早餐时间去寻找早餐。由此，他们的解决方案是开设一家仅提供早餐的餐厅，从周四早上 7 点到周日晚上 11 点连续 88 小时营业。林登迈尔和麦克休将商业模式的挑战从食品选择倾向转换为了一种人力资源挑战：如何管理 88 小时的连续服务。

在这个案例中，问题和答案都显而易见，虽然可能有点不寻常。正如短堆栈餐馆的网站描述的："为什么麦迪逊没有这种服务？这个问题很简单，我们却没有答案……在接下来的三年半时间里，我们一直在反复琢磨细节：如何在所有时间提供简单、新鲜和具有当地特色的'早餐'。"

并非每一个商业模式都能够根据对客户和用户的观察而简单地设计价值。奥宝健康的创新则是基于对医院手部消毒实践的直接观察和以人类行为为中心的设计，萨克利夫将样品带回医院试点，观察护士和医生是否使用它们。尝试过样品的护士和医生都很喜欢并试图获取更多的样品。观察、样品和数据收集的合成显示出真实的需求。

## 产生

产生可能的商业模式基本上是一种创造过程。在有些情况下，需要绘制一个非常详细和全面的"地图"。在《商业模式新生代》一书中，亚历山大·奥斯特瓦德为此提出了奥氏商业模式画布。我们将会在第十一章中详细介绍奥氏商业模式画布在成长期企业中的应用。

然而，许多组织在处于早期设计阶段时应该采用更为简易的工具和流程去产生商业模式。第九章、第十章将为试运营和初创公司提供一个较简便的框架。《置空框架》（*Place to Space*）一书也为如何在信息技术和网上业务中建立一个商业模式提供了很好的框架。

如果你做好了开始的准备，可以先列举一个商业模式类型的清单。市面上有很多这样的列表，但是其中最全面的版本是埃森哲公司在商业模式刚成为主流用词时提出的商业模式列表。在该列表中，商业模式被按照以下特征进行了分类：价格、便利性、产品、经验、渠道、中介、信任和创新。每个类型下都有着众多商业模式的例子。

我们并不认为上述分类包含了所有可能的商业模式，也不认为所被描述的商业模式都很独特。如果你刚开始了解商业模式，埃森哲的列表可以作为一个不错的开始，毕竟它能够帮助你识别可能的模式并排除无关的模式。

在此，我们对上述分类和关键的商业模式维度进行一些探讨。

首先，在埃森哲报告中出现的商业模式大多具有资源结构优势。这很正常，毕竟这是为大众所熟悉的结构，并在公司战略领域得到了广泛研究。其次，正如我们已经讨论过的，从互联网革命中所认识到的许多颠覆性商业模式都是以交易为主导的。全新的互联网模式，如免费增值和打赏的商业模式，都在强调中介或者信任模式，意味着依然聚焦于交易结构。

最后，价值驱动的商业模式是最稀缺的。原因在于商业模式中的价值一直是企业生存的必要因素。大多数商业模式中的价值创造机制都已经被尝试和验证过了。而决定许多较新的商业模式能否成功的关键要素在于专有资源或交易效率。只有部分商业模式会淡化资源和交易的差异化，完全依赖于独特的价值结构。我们认为谷歌是实现价值驱动的一个最好案例。

## 提炼

在商业计划创建阶段，提炼的作用更多的是排除其他方案和选项，而不是去完善各项细节。

从确认预期的商业模式开始，请你选一个商业模式或者简单勾画一个属于自己的商业模式。

现在，请回答以下几个问题。

- 你的客户如何描述从你组织所获得的价值？
- 你当前的商业模式背后存在哪些价值创造的假设？请至少写出三个假设。如何才能改变或放弃某些假设，以便为你的客户创造更多的价值？
- 回想一下前三章所提到的资源、交易和价值。回到你的 SHaRP 资源分析、你的交易模型草图以及你的有形与无形价值列表，思考上述这些内容是如何匹配在一起的。

## 实施

设计有价值的商业模式的最后一步当然是实施这项设计。本书并不会详细分步说明如何实施商业模式，原因在于：首先，每个商业模式的实施步骤都有些许不同；其次，商业模式设计的实施倚仗于组织发展的阶段和商业模式变革的需求；最后，商业模式的实施是一个持续过程，其中必然包含一定的实验与调整。

在此，请牢记以下关于商业模式实施的关键点：

- 清晰描述商业模式元素，这将有助于将商业模式传达给组织参与者和变革推进者；
- 创建（新）商业模式需要资源、交易和价值结构的相互补充；

- 我们研究发现，商业模式变革和创新最好由个人而不是某个委员会或团队来领导；
- 实施一个（新）商业模式需要更多地聚焦在组织的某些方面，实施过程将会把部分职能授权给其他值得信任的个体或合作伙伴。

商业模式设计过程从观察开始，以实施结束。但是这只是整个商业模式环路中的一个步骤。如果你在启动初创企业或者考虑对商业模式做重大变革，那么你在实施（新）商业模式之前需要多次经历上述过程。为商业模式价值做出的设计需要发挥创造力和柔性的力量。实现商业模式的价值需要具备将设计转化为组织内全新活动的适应能力。

在这一点上，你已经考虑到 SHaRP 资源，绘制了你的交易地图，并从多角度仔细思考了价值创造。你还历练了与战略、运营和供应链管理相关的常用管理技能。然而，商业模式如此引人关注的原因之一在于，真正卓越的商业模式超越了运营活动和战略管理。在下一章中，我们将讨论最具有挑战性的商业模式视角：叙事。

**本章概要**

- 伟大的商业模式都强调有形和无形价值。
- 价值必须是创造或者捕捉来的。
- 商业模式的价值观展现了资源和交易在组织设计中的连接方式。

# 第八章
# 叙事与讲述商业模式故事

"完成商业模式并识别其关键部分只是第一步，困难的是抛开草图，将设想转换为有形的、有商业可行性且令众人信服的商业模式。"

——保罗·霍布夫特

商业模式是独特的，因为它们需要叙述。一个伟大的商业模式是一个连贯、有说服力且可执行的故事。

创业者和管理者推崇商业模式，是因为这符合他们的直觉。一个伟大的商业模式可以快速、清晰地传达给组织内外的每一个人。可行的商业模式需要说得通，这对你、对所在组织与客户都一样。

"问题在于许多时候人们忽略了常识，因为他们被淹没在商业模式和哈佛商学院的课程中。"

——莫·易卜拉欣，CelTel 创始人

在本章中，我们会探讨商业模式叙事的力量和缺陷。我们也会探讨将组织元素和流程与商业模式故事相衔接所带来的挑战。

## 商业模式叙事与其他元素的连接

商业模式的叙事方法很有价值，其原因有很多。首先，商业模式旨在传达意义。商业模式叙事有助于确保组织目标与其他商业模式元素保持一致且具有兼容性。其次，叙事是建立组织合法性的重要工具。最后，商业模式叙事能够用来改变组织环境。

你或许会问："为什么商业模式分析不以叙事开始？为什么不基于叙事来构建资源、交易和价值？"

事实上，许多创业者确实是将叙事作为开端的。我们想指出两个原因。首先，我们猜想许多读者都在经营公司，所以从策划开始就创造一个新"故事"是一件困难或麻烦的事情。其次，故事好并不能保证商业模式也好。

下列是一些关于叙事如何产生有趣商业模式的很好案例。

- "在保健行业中，手部消毒是一个重要的问题。如果我能够通过根深蒂固的人类行为来驱动而不是通过一些惩罚措施去驱动手部清洁呢？"（奥宝公司）
- "用于预测铁路轨道故障的数据需要定期更新——如果可能的话，其更新频率应该与重型货运列车使用轨道的频率一样。"（MRail）
- "垃圾邮件给所有用户带来困扰，包括电子邮件营销的合法发件人。垃圾邮件发送者升级或发送邮件几乎没有成本。与其通过监测关键词和发件人的方式去设立黑名单，不如为合法发件人创建一份通行证。"（利特·帕斯公司）

## 叙事要有情节

商业模式需要沟通。人类沟通最有效的方式是故事。回忆一下你与同事、朋友和家人之间的最近几次谈话，里面用了多少故事？

故事是有效的沟通工具，原因在于其有一套通用的组件和结构。我们不在这里赘述具体的要素与结构。我们不想深入探讨文学批判或文化人类学，但是我们会参考叙事范式中的一些关键要素。

叙事范式的一个要素就是所有故事都可以归结为有限数量的情节。克里斯托弗·布克（Christopher Booker）提出的情节分类虽有些争议却很有用。这些分类包括"事情起因""过程与结果""任务"，等等。

公司战略同样是一个故事，但它基本上是一个关于斗争的故事——公司如何与对手竞争。换言之，战略故事通常是关于击败竞争者的。正如布克可能会说的，这是一个"打败怪兽"的故事。

相比之下，商业模式所讲述的故事则包括如何通过合理使用资产和能力（资源），通过与各种实体的互动（交易）来解决问题（价值创造）。这意味着商业模式可以匹配于任何一种叙事模式。

那么，你组织的基本商业模式情节是什么？组织存在的初衷是什么？这些年是否有了增长？你希望未来两三年内组织能实现什么？

## 叙事创造合法性

商业模式的叙事所做的，不只在于连接商业模式的其他要素，也在于提供一个引人注目的故事，使公司的活动和目标对客户、竞争对手及合作伙伴等外部利益相关者来说具备合法性。组织合法性意味着内外部利益相关者达成共识，组织的意图和目标与其行为相匹配。因而，这需要组织付诸行动。

合法性验证了共享文化，即形成一种理解和评估组织实际发生情况的框架。商业模式叙事是产生合法性的有力机制之一。它能够建立一个共享故事，使员工和管理者以及外部利益相关者都据此轻松地进行沟通和理解。

商业模式叙事能够推动内部组织协调。有效的商业模式叙事应该是对内部利益相关者都有意义的。请尝试向几位关键员工分享你的叙事。如果他们回应道"是的，这就是组织的故事"，那就还好；但是如果没有，这意味着组织已经出现了问题。

利特·帕斯公司是表现内部叙事至关重要的很好例子。利特·帕斯公司是世界领先的电子邮件营销工具和白名单公司。它在电子邮件营销圈子内建立了一个关于"好人"商业模式的故事。电子邮件营销是一种被严重滥用的合法服务。消费者和公司都深受其害，原因在于大多数的营销邮件都可以归属于垃圾邮件。

利特·帕斯公司的创始人和高管花费了数年去开发这个故事。员工也接受了这个故事。但是该公司的电子邮件营销系统却又在不经意间令某些类型的垃圾邮件被识别为"安全"。从技术上来说，利特·帕斯公司只是为那些大多数消费者不会阅读的营销邮件提供了一个实施"细则"。实际上，通过这项服务，利特·帕斯公司从一些客户那里获得了收入。

高管团队选择将上述情况告知员工。利特·帕斯公司是否应该继续推行所有人都赞同的上述"细则"，即使这对于终端用户意味着垃圾邮件？或者利特·帕斯公司应该弥补上述漏洞，但是代价是损失收益？如果是你，你会怎么做？

员工的反应清晰而有说服力。利特·帕斯公司是一顶"白帽子"，公司的商业模式意味着他们只做"正确的事"。员工认可的商业模式故事是"成为电子邮件的拯救者"，他们迫切希望公司弥补上述漏洞，即使这意味着放弃收益或者损害公司的发展计划。选择做"错事"不符合利特·帕斯公司的商业模式故事。这样做也是为了保持叙事的一致性。

利特·帕斯公司最终终止了这项服务。

## 使用叙事改变环境

商业模式叙事的影响超出了公司范围。商业模式的合法性能够改变甚至创造整个行业。在行业巨变中，创业者讲述的故事将产生全新的实践。能够将这些实践在更大的环境中合法化的创业者能够获得他们所需要的资源，如风险投资。

克雷格列表公司和谷歌公司是两个最有代表性的例子。克雷格列表公司宣称，各方市场可以通过其在线平台以一种相对廉价的方式相连接。换言之，人们只需要通过第三方（克雷格列表平台）支持，就能直接实现产品和服务的交易。谷歌表明，许多在线服务的成本可以通过广告而不是订阅来维持，从而通过用户活动实现了大量的数据收集过程。这些及其他实验的合法化导致了在线创业企业和系统爆炸式增长，几乎推动了所有基于互联网的商业和通信活动。

克雷格列表公司提供了最迷人的叙事例子之一。叙事显然对一部分人可行，却不适用于另一些人。它使得传统的广告市场出现了革命。该网站的流量在美国排名前 20 位，在世界排名前 100 位。但它只将流量的一小部分转化为金钱，在其他行业观察者的眼中，该商业模式是"愚蠢"的。正如公司 CEO 吉姆·巴克马斯特（Jim Buckmaster）强调的，克雷格列表模式的叙事从来不是使利润最大化，其旨在为网站的日常用户创造价值。在这种叙事模式中，报纸所损失的价值与低成本交易使私人团体受益的价值相比相形见绌，这在其他模式中是不会发生的。

## 大多数组织没有进行商业模式叙事

一个引人注目的商业模式叙事应该是简单的。然而，大多数组织并未想到去做这件事，相反，它们忙于确定使命、愿景和价值观。一般来说，这些也很有用。但从根本上说，使命和愿景主要强调组织的抱负和志向，价值观主要强调关键创始人或者所有者的核心信念，这些都没有涉及商业模式：公司应该如何设计以产生价值。

许多初创企业（和其他企业）都开始采用电梯法则（elevator pitches）来明确自己的商业模式，即在 10 秒、30 秒或者 60 秒内阐述组织的价值主张，这就比较接近商业模式叙事。然而，电梯法则的目的是触动那些从未听说过该组织的人。这是一种推销方式。事实上，良好的商业模式叙事可以成为有效实施电梯法则的基础。如果商业模式足够有吸引力且令人信服，那么包括投资者在内的其他人也有兴趣继续听下去。

"商业模式本质上就是一个故事——解释企业如何运作的故事。好的商业模式能够回答德鲁克时代的老问题：谁是消费者？客户在意的价值是什么？同时，它也能回答每一个管理者都会问的基本问题——我们如何从商业中获利？能够解释我们以适当的成本为客户创造价值背后的经济逻辑是什么？

——琼·玛格丽特，哈佛商学院高级助理

## 完成商业模式叙事

商业模式的三个要素是很明确的：资源、交易和价值。叙事把这三个要素联系在了一起。商业模式叙事应该清晰和精准地解释一个组织如何开展交易以便以关键资源获取价值。

请设法完成你所在组织或创业企业的商业模式叙事，并确保能够涵盖所有必要的元素。请注意，这做起来可能不像听上去那么容易。对于商业模式分析的多个方面，实践是有帮助的。

让我们仔细看一下 MRail 公司的例子，以便了解商业模式叙事是如何形成和改进的。

MRail 公司的垂直轨道偏转测量系统听起来非常复杂，而事实上，它既简单又有着令人难以置信的巧妙。尼布拉斯加大学机械工程系的萨恩·法里教授（Shane Farritor）发现铁轨在未使用时通常不会失效，相反，只有当重型货运列车经过时才容易出现故障。一趟满载的煤斗车大约 120 000 千克。正如你所能预料的，轨道和地面所承受的压力巨大，尤其是当上百辆煤斗车以 100 千米 / 时的速度行驶时。因此，如果地面或轨道比较脆弱，车轮经过会导致钢轨下陷。当达到一定程度时，钢轨就会变形或损毁，而后果就是损失难以估算的火车事故。

法里教授意识到解决上述问题的诀窍在于持续测量下陷程度，而不是轨道静态状况。换句话说，诀窍在于将测量系统安装在列车上，以便连续测量轨道下陷程度。他购置了一辆旧的轨道车，在上面安装了激光测量系统，并说服铁路运营商将轨道车连接到货运列车的末端，就像额外的车厢一样。当货运列车拖着改装后的轨道车运行时，法里教授得以记录数千千米轨道下陷的数据。在接下来的几年里，他证明了脱轨正好发生在他系统中识别出的轨道下陷严重的位置。

这是 MRail 对最初的商业模式的一种可能的叙事。作为指引，具体要素在括号中已注明。

MRail 的专利垂直轨道偏转测量系统（资源 1）通过比较装载和卸载状态

下的轨道下沉来识别高故障风险的轨道段。该公司购买并将专利系统预装到货运列车上（资源2）。公司将这些产品出售给货运公司（交易1），货运铁路运营商使用收集的数据来保持轨道完整性（价值1）并避免代价高昂的脱轨事故（价值2）。

这个故事涵盖了关键领域，其重点完全在于创新和流程。我们的目标是能够显著优化这种叙事。

## 叙事的连贯性

优秀的商业模式叙事是**连贯的**。当某些事物具有连贯性的时候，就会显得更为直观，并意味着将所有的元素都融合成了一个整体。连贯不意味着完美联结。我们都熟悉的一些不完美的系统仍可有效运作，例如，家庭、学校、政府，当然还有组织。连贯性只需要元素的配置具有意义，而配置中微小的变化都不会改善其功能。

这里，应考虑另外两个关键问题：相关性和可信度。

- **叙事相关性**。商业模式叙事是否直接与利益相关者的基本利益和价值相关？

- **叙事可信度**。商业模式是否与可靠的来源和信息相关？毕竟存在很多图谋不轨的人会借助商业模式去纯粹实现自己的利益。但是聪明且有伦理心的投资者和合伙人不需要花费太多时间和精力就能判断商业模式是否可靠。对于我们这些致力于通过创办企业去产生利润和建立更好的世界的人而言，可信度是商业模式叙事越来越重要的组成部分。

## 令人信服的商业模式使叙事与公司相衔接

令人信服的商业模式叙事能够成为强有力的工具。有些商业模式叙事强大到甚至可以通用。"优步"已经成为一个消除中介服务的一般叙事术语。正如优步将驾驶员与需要搭车的人群联系起来一样，格拉普公司试图将大学辅导老师与需要额外帮助的学生联系起来，搭建"教辅领域的优步"，HopSkipDrive公司希望成为"幼教领域的优步"，梅达克公司（Maidac）致力于成为"家政领域的优步"，美食通公司（FoodConnect）则声称要打造"食品领域的优步"以战胜饥饿。

但请记住，易于沟通和理解的商业模式并不意味着具有可行性。

有说服力的叙事终究只是一个叙事。它只是用一系列的辞藻所讲的一个故事。它必须与实际的商业模式元素保持一致。正如组织文化，可能会也可能不会反映组织的日常经营。正如格拉普公司的例子所展现的，叙事并不总能成功地从一个行业迁移到另一个行业。并且，大多数叙事都是"事后诸葛亮"式的。例如，苹果公司（当然还有斯蒂夫·乔布斯）已经成了产品创新的代名词。在现实中，苹果公司的商业模式创新强调设计、可用性、软件和内容易得性，而不是硬件的创新。例如，苹果公司并不是发明或者推广第一个MP3、第一台平板电脑、第一只智能手机或者第一块智能手表的公司。

创业者通常依靠类比和隐喻来沟通他们的创新、想法和商业模式。类比和隐喻是强大的叙事工具。但它们也可能具有欺骗性，隐藏真实的复杂性，没有将令人注目和信服的故事与其背后的商业模式元素联系在一起。"教辅领域的优步"（格拉普公司）的故事太过于简单和隐蔽。创业者很难用上述类比去说服自己和另外的商业伙伴这是一个有发展前景的项目。上述所做的，延缓了意识到上述类比存在问题的时间。

有三种方法可以将叙事与实际的商业模式衔接起来。你可以改变叙事以匹配其元素，改变元素以适应叙事，或者你可以改变所有方面。

让我们再考虑一下 MRail 公司的情况。

回顾前几页中我们所说的叙事。它似乎是连贯的。毕竟，货运经营者习惯于临时增加车辆，这在他们的运营中只不过是多添加一辆车罢了。但实际上，货运经营者并不希望增加货运列车。他们只是想知道哪些轨道存在风险。他们并没有资源来支持这类运作。货运公司需要聘请具有先进激光操作经验的工程师来维护物理系统以及数据和软件工程师来复查、管理和报告数据。而且，MRail 公司不希望长期从事货运列车的收购和改装业务。

这是一个需要改变商业模式元素和叙事的案例。它在叙事中揭示了商业模式的两个关键的割裂点。首先，这是一家使用激光进行极为精确测量的高科技公司，但是它为客户（铁路运营商）提供的价值是对这些数据的分析。这个故事中的一种关键资源是轨道车。实际上，购买和销售二手轨道车的业务并不是一项有吸引力的活动！其次，与客户的交易也明显与商业模式不一致。铁路公司并不特别想购买更多的轨道车——他们只是想了解有关轨道状况的数据。这有点相当于向车主出售整个加油站而不只是汽油。

在这种情况下，解决方案涉及更改商业模式关键要素、创造价值的本质以及它们连接的方式。

在第一次迭代中，该计划保留了货运列车，但不需要运营商购买。该公司将通过说服铁路运营商允许公司拥有激光测量系统的货运列车在轨道上运行而产生早期收入。这个交易依然存在很多流程组件，但是至少不用消费者为此埋单。

而真正的解决方案是使测量系统小型化，这样就不需要单独的轨道车，解决了上述存在的资源和交易的问题。这就是法里教授修正后的版本。

MRail 公司帮助铁路运营商保持轨道的稳定性（价值1）并避免代价高昂的脱轨事件（价值2）。MRail 公司的专利垂直轨道偏转测量系统（资源1）通过比较加载和卸载状态下的轨道下陷的差异来识别高故障风险的轨道段。该公司拥有的纵向测量数据库（资源2）将会根据故障风险概率分析出需要优先考虑的轨道段。MRail 公司与铁路运营商（交易1）合作分析轨道数据，为其提供相应的订阅服务（交易2），对高风险轨道段进行初步踏勘。MRail 公司的服务降低了不必要的踏勘成本（价值3）和脱轨风险。

这是法里教授用来发现机会的商业模式。而在它明晰了这是一个能够产生有价值数据的可行性系统后，MRail 就被出售给作为全球铁路服务业务商的哈斯科公司（Harsco）。

---

### 本章概要

- 伟大的商业模式能够使组织叙事与其资源、交易和价值创造衔接起来。
- 令人信服的商业模式叙事具有连贯性、相关性和可信度。
- 令人信服的商业模式叙事必须要经得起推敲才能有所作为。

---

The Business
Model Book

第三部分
**商业模式创建**

"商业模式有无数种，每家公司的商业模式也都不同。即使在同一行业做类似业务的公司也会有不同的商业模式。"

——汤姆·惠特克，科技金融风投合伙人（个人访谈）

仔细想来，你已经完成了这本书的一半，已经走了很长的路。你已经拥有所需的所有理论和基础知识，可以构建伟大的商业模式。

对于究竟有多少独特的商业模式，可能大家永远不会有完全一致的意见，但至少我们可以就评估与构建这些商业模式的流程达成一致。在第三部分中，我们将审视具体的框架，以帮助你构建成功的商业模式。

大多数人以为，任何商业模式框架都可以用于任何组织，无论其规模大小和业务范围如何。做一些分析可能比不做好，但在正确的时间使用正确的工具肯定会产生十分不同的结果。为初创型组织构建商业模式应该与为成熟组织改进商业模式差异巨大。组织的发展阶段不同，就应该有不同级别的详细信息和分析方法。

在接下来的章节中，我们将探讨适合特定阶段组织的框架：预创型组织、初创型组织、成长型组织、成熟型组织。我们在第一部分和第二部分中探讨过的基本要素和分析方法，仍然适用于所有组织。对处于早期发展阶段的组织进行过多的细节分析可能是浪费精力的；而对于处于成长期或成熟期的组织而言，细节分析太少的话可能意味着你会错过一些东西。

　　你可以自我识别所要分析的组织阶段，并直接跳到该章节。然而，精明的创业者和管理者会想要了解所有阶段的框架和活动。毕竟，没有严格、快速的规则可以始终如一地区分各个阶段。此外，当你的组织进入下一阶段或当你需要分析不同的组织时，你可以重新阅读相关章节的内容！

　　一旦你的工具包中有了这些框架，你就可以为第四部分的阅读和学习做好准备，第四部分讨论商业模式的更高级的应用程序，包括商业模式创新和可持续的商业模式。

# 第九章
# 预创型组织的 RTVN 框架

## 抓住机会

"我告诉很多创始人最初不要过多地摆弄商业模式。你最重要的任务首先是做出人们想要的东西。如果你不这样做,那么你的商业模式有多巧妙其实并不重要。"

——保罗·格雷厄姆,Viaweb 网络公司和 Y Combinator 创投公司的联合创始人

商业模式分析用于各种规模和形式的组织。但是,商业模式在早期风险投资领域真正发挥了作用——创业者想要一个有效的工具来解释他们的愿景;投资者希望有一个比商业计划更好的框架来评估风险和资源需求。

然而,在非常早期阶段,创业者可能会进行大量理想化却无用的分析。精益画布和奥斯特瓦德的奥氏商业模式画布是强大的工具,但处于早期阶段的创业企业可以从简单的商业模式框架即 RTVN 中获益良多。RTVN 表示资源、交易、价值和叙事。该框架包含了商业模式的基本要素。当创业者探索潜在的机会时,它是高效和有效的。

## 一切都是关于机会的

创业就是关于机会的行为。机会与**情景**和**信息**有关。创业者需要使用信息来探索连接和组合资源与交易的新方法。在正确的时机下，这种新组合将创造新的价值。创业者和机会是同一个硬币的两面。

在这个阶段，使用错误的商业模式框架可能是有害的。为什么？较为复杂的框架和工具会提出创业者可能无法回答的问题。回答这些问题可能需要无法获得或不存在的信息。更糟糕的是，该框架可能会鼓励创业者接受甚至提出未经证实的假设来"完成"分析。更复杂的框架可能误导创业者创建或承担似乎符合整体故事但无法实施的结构或元素。

在预创业阶段，创业者应该从利用 RTVN 模型开始。

# RTVN 商业模式设计

"对于创业公司来说，在资金耗尽之前，这是一场牵引竞赛。你不希望在商业计划上浪费宝贵的时间，但许多人只是简单地用商业模式画布或精益画布代替商业计划。虽然我更喜欢用精益画布而不是老套的商业计划书，但我看到很多初创公司陷入了同样的陷阱。它们起初都过早地关注商业模式，特别是收入来源、销售渠道、成本控制等，它们留下了所谓的'解决方案'——但它们真的可以通过发现有价值、可用且可行的解决方案来解决目标客户的问题吗？然而，除非你能用你的解决方案成功地创造真正的价值，否则这张商业模式画布将没有价值。"

——马蒂·凯根，硅谷产品集团

RTVN 商业模式设计是一个简单的图解，用于标识商业模式中的关键资源、交易和价值。它帮助创业者将这些元素与连贯的叙事连接起来，最大限度地减少了需要评估的连接，并聚焦于商业模式的关键要素和整体故事。

对于预创型组织来说，使用更复杂的框架可能会耗时甚至具有误导性。从简单的框架开始吧！如果你刚刚开始寻找创业机会，那么你只需要 RTVN 模型。

预创型组织的 RTVN 模型如图 9-1 所示。

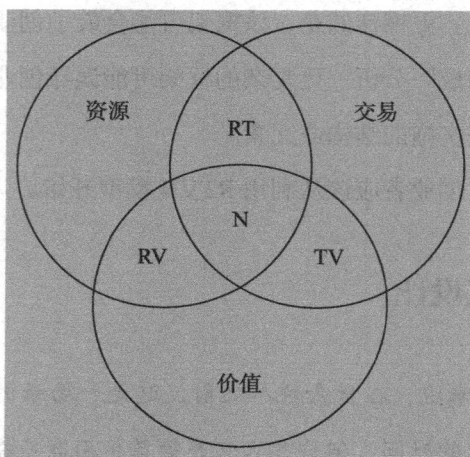

图 9-1　预创型组织的 RTVN 模型

预创型组织的 RTVN 模型的使用包括三个步骤：

- 识别关键资源、交易和价值（RTV）；
- 探索交叉区域（RT，TV，RV）；
- 开发和检验叙事。

## 第一步：请填写每个圆圈的主要部分（资源、交易、价值）

如果你已经完成了第四章～第八章的阅读，那么这一步应该是很直白的。

你只需添加 SHaRP 资源、交易地图中的关键交易以及关键的有形与无形价值。你可以将这些写在模型中各个圆圈的最大部分。

## 第二步：请填写交叉区域（RV，RT，TV）

这里有三个区域：RV，RT，TV。每个都应该以特定的方式完成。我们将在下面的内容中介绍这三个部分的完成方法。

### 资源、价值（RV）交叉区

即使在商业模式设计的最早阶段，RV 交叉区也应该相对清晰。以下是要解决的问题：

- 哪些资源与客户需要的价值直接相关？

- 客户如何、何时以及为何需要这些资源产生的价值？

RV 交叉区强调你的机会出现在真正可以为客户创造新价值的资源处。如果你已在第五章中确定了 SHaRP 资源，并且已从客户那里获得了有关未满足需求的清晰且引人注目的数据，那么本节应该确认这些资源是如何连接的。

如果你在商业模式设计中遇到的关键问题是资源和价值创造的连接，那么你可能会发现其他有用的资源。一种很好的工具是 Strategyzer 公司提出的价值主张设计框架。它明确介绍了将你的（想象的）预创企业的独特资源与对你的客户有价值的需求或收益联系起来的过程。

请谨慎一些。大多数创业者面临的危险是 RV 连接的"显而易见性"阻碍了创业者对假设进行检验。有资源，就会产生相应的价值。所以它们必须连接起来！寻找机会的逻辑通常遵循以下两个过程之一。

- **问题解决逻辑**→我发现了问题。具体来说，我看到潜在客户正在经历无法解决的痛点或错过本可实现的收益。我已开发出一种能够解决这种痛点或提供收益的创新产品。由于它比客户目前所用的更好，所以他们一定会购买。

- **资源扩展逻辑**→我拥有新颖或未充分利用的资源（资产、能力、技能、知识、创新）。我搜索过，发现至少有一个客户群可以从这些资源中受益。由于目前没有该资源可以使用，因此未来他们一定会购买它。

如果你发现自己在说"这对客户的价值显而易见"，那么你应该仔细检查资源和价值间的连接。至少，你要与潜在客户交谈以确认或拒绝关于价值创造的基本假设。

**资源、交易（RT）交叉区**

虽然创业者并不总是十分清楚，但 RT 交叉区通常是很直白的。请回顾这些问题并将摘要信息放入模型的这部分：

- 你将使用特定的销售和 / 或营销渠道吗？
- 建立这些渠道需要哪些资源？
- 你如何将关键资源和主要交易连接起来？

RT 交叉区通常是事实检查。你可以在商业模式开发的最早阶段获得这些问题的答案。如果你无法回答这些问题，或者你的关键资源和交易之间似乎存在显著差距，那么这是一个很好的退一步思考商业模式叙事的机会。商业模式真的有意义吗？如果没有 RT 一致性，商业模式就可能没有起点。

**交易、价值（TV）交叉区**

TV 交叉区是 RTV 模型中最常见的。为什么？它可能是三个交叉区中最不直观的。

在客户获取方面的成功远不止创造更好的产品并使其可用。创业者倾向于低估确保交易符合价值创造过程的固有挑战。以下是关于 TV 交叉区的问题：

- 客户是否有不寻常或复杂的交易要求？那是些什么要求？
- 客户是否因其使用目标产品或服务而对其他实体或组织负有义务？
- 客户是否倾向于避免采用初创公司的新产品或服务？

如果任何这些问题的答案都是肯定的，那么 TV 交叉区需要更仔细的分析。这就是为什么许多创业者会陷入"造一种更好的捕鼠器"思维。请想想奥宝手部消毒剂的故事。在那个故事中，显然存在需求——医务人员需要进行手部消毒，以避免内部感染。产品发明人亚当·萨克利夫创造了一种"更好的捕鼠器"——这种产品通过擦拭衣服的"本能行为"来明确地解决问题。

他所创立的公司取得了一些成功。他聘用了一位有国际合作经验的 CEO。该产品赢得了各种设计奖项并获得了很多流行媒体的报道。遗憾的是，在设计发布六年后，该产品并没有为团队或投资者带来可观的收入或回报。问题似乎出现在 TV 交叉区。该团队在零售和促销方面表现不错，但在保健业务运营和供应链维护方面经验不足。大多数西方国家医疗机构的采购流程非常复杂，通常受到严格监管。需要手部卫生解决方案的医生和护士以及从卫生实践中受益的患者都不直接参与诊所和医院的产品购买决策。在医疗保健行业，交易和价值的交叉区是非常重要的。由于组织对其客户（患者）负有特殊的责任以及复杂的申报要求（面向保险公司和政府组织），因此买方更愿意与老牌公司合作并依赖以前使用过的产品。看来，奥宝公司没有建立交互式结构和流程来解决客户价值创造这一特定问题。

## 第三步：填写叙事（N）

如果你完成了有关叙事开发的第八章内容，你可能会想出一些简单的短语或句子来完成 RTVN 框架。然后，现在我们退一步来看一下整个商业模式。所有部分一起形成合力了吗？叙事是否将所有元素联系在一起了？

RTVN 框架的强大之处在于其简单性。但简单性导致的风险是，我们所做的分析可能基于一两个不正确的假设。完全基于创新和直觉的 RTVN 分析尚未经过检验。这是你利用商业模式团队的最佳机会。与他们分享你的分析，请他们帮忙确定未经检验的假设并找出潜在的缺陷或差距。这不是保密或沉默的时候！请与聪明、经验丰富和知识渊博的人一起完成你的第一个商业模式！

## 从创新中分离出商业模式

有时，创业者会将创新与商业模式混为一谈。在展望未来的组织设计和创建时，保持它们的独特性可能很困难。

当没有组织或新产品和服务尚未发布时，创业者和管理者最有可能混淆创新和商业模式。评估业务本身的场景有限，使用商业模式分析工具来评估创新、产品或服务而不是业务是容易被迷惑的。

创新不是商业模式！当产品或服务尚未启动时，我们很容易无意中将其混淆。请记住，你无法对创新进行商业模式分析！你必须关注机会和业务。

任何创新都可以融入许多可能的商业模式中。有时，只有几个可能的商业模式；有时却可能有几十个或几百个！如果你的分析侧重于创新本身，那么你可能错过了商业模式的其他关键要素。在这种情况下，你不是在分析商业模式，而是在评估某种创新机会。

换言之，如果你尝试对创新、产品或服务使用商业模式分析，那么你正在研究创新是否可以在市场中取得成功，而不是商业模式的可行性。这些东西可能听起来很相似，一项可能会引导你到另一项，但它们并不等同。

回想 MRail 公司的例子。是否有机会使用基于激光的高精度测量来预测铁轨故障的自动化系统？有没有一种商业模式可以创建一个可行的公司来获取这个机会？这些并非同一个问题，它们没有相同的答案。我和一些同事与发明家萨恩·法里教授一起回顾了这个机会。这个机会有些吸引力：可能会是一个小市场，但没有很多创新可以与之竞争。真正的问题是商业模式：我们能否将关键资源与可能为客户服务的交易连接起来？评估这个机会花了我们大约三个月的时间，但想出一个可行的商业模式只用了几个星期。

## 保持简单

在本章中，我们重点介绍了最简单的商业模式框架 RTVN。在此框架中你可能无法感受到商业模式的复杂性。

如果满足以下任何条件，你就有机会创建一个稍微复杂的商业模式框架：

- 你已经更深入地拓展了机会，包括运营规划；
- 你已经发起了一些组织活动；
- 由于技术、资源或交易流程的复杂性，你的分析需要更复杂一些。

在你急于接受更大的挑战之前，请确保你出于正确的原因这样做。如果不是必要的，请不要做更多的商业模式分析！增加框架或分析的复杂性不会使商业模式更好。

保持商业模式分析尽可能简单有两个关键原因。首先，如果最简单的分析（如 RTVN）清楚地表明模型行不通，则更复杂的分析几乎总会产生相同的结果。只有非常不寻常的商业模式会需要极其复杂的分析来揭示可行性。更复杂的框架通常可以识别商业模式中存在的更多的潜在问题。

其次，使用更复杂框架的商业模式分析往往会引发有关流程的详细问题和活动。通常，这些问题需要通过简单实验或与市场参与者的直接接触来回答。虽然这些活动在任何创业情景中都非常有价值，但它们也可能非常耗费时间和资源。通常应该在形成了关于商业模式的初步结论以后启动这些类型的调查，否则，商业模式分析有可能产生有关潜在机会的不断扩大的一系列问题的风险。这些也需要解决，但只能在你熟悉模式的核心能力之后进行。

RTVN 框架是一个非常简单但十分有效的机制，用于生成和评估创业想法、创新或新产品 / 服务的商业模式。如果你是一位想要启动新创企业的创业者或计划推出新产品或服务的经理人，这是一个非常好的起点。使用工作表，探索商业模式元素及其连接，然后与值得信任的同事共享商业模式。总之，你应该集思广益，通过备选元素或这些元素之间的不同联系来改进商业模式。你还应该寻找商业模式缺失的元素、不符合商业模式整体叙事的连接以及其他不一致性问题。

## 本章概要

- RTVN 商业模式框架是一个很好的起点，适用于没有大量基础设施或活动的预创组织以及处于早期发展阶段的组织。
- 从简单开始：过早地构建比较复杂的商业模式可能会浪费大量时间。
- 大多数创业者和管理者都可以轻松地解决资源和价值的连接问题，最常见的错误发生在价值和交易的连接上。

# 第十章
# 初创型组织的精益画布

"建立一个拥有每个人都喜欢的产品、免费且没有商业模式的公司，然后再进行商业模式创新是非常困难的。我在点对点文件共享工具 Kazaa 上做到了这一点，这一工具获得了 5 亿次下载，但这不是一项可持续发展的业务。"

——尼克拉斯·曾特罗姆

许多创业者和新企业主根本不考虑商业模式。他们通常根据自己的经验发现问题，然后寻找或创建解决方案。他们将该解决方案出售给面临相同问题的人和组织。

然而，有些商务活动将受益于商业模式分析。点对点文件共享工具 Kazaa 是缺少商业模式但却能解决问题的一个好例子，Kazaa 的点对点网络从未开发出明确的流量货币化机制，即使它解决了大量的版权诉讼及各种各样的间谍软件问题。

商业模式分析已经开始取代商业计划书撰写，作为许多商学院探索新的企业可行性的标准过程。虽然 RTVN 框架足以在创意阶段进行商业模式分析，但它缺乏特异性和可操作性，这是更复杂和非显而易见的机会所需要关注的特性。精益画布是评估超出构思阶段的商业模式的一个很好的框架。

## 创业和商业模式设计的精益方法

精益画布融合了埃里克·莱斯（Eric Ries）的"精益创业"框架。精益创业强调了一种实验式创业方法。精益创业思维不是为每一个偶然事件做好计划或追求完美产品，而是要尽快为客户提供想法和解决方案。换言之，产品生存能力的仲裁者是市场，而不是创业者自己。

在这种情况下，商业模式是实验的一部分。任何给定的商业模式都应被视为假设而非确定的。

## 精益画布

精益画布工具由阿什·莫瑞亚（Ash Maurya）所创建，是奥氏商业模式画布的改编版。正如莫瑞亚所指出的，其关键目的是"在一个页面上捕捉商业模式假设"。精益画布如图 10-1 所示。

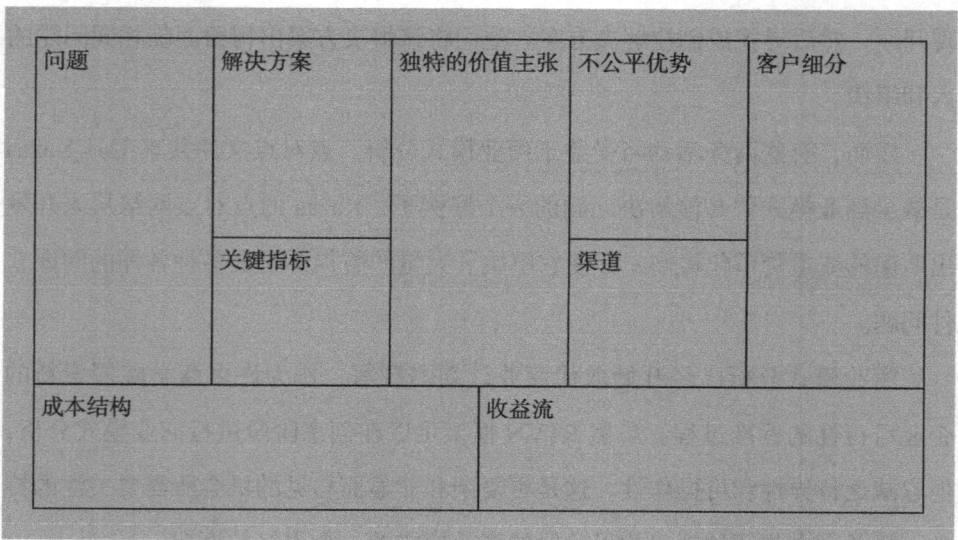

| 问题 | 解决方案 | 独特的价值主张 | 不公平优势 | 客户细分 |
|---|---|---|---|---|
|  | 关键指标 |  | 渠道 |  |
| 成本结构 |  |  | 收益流 |  |

图 10-1　阿什·莫瑞亚的精益画布

精益画布将实验置于详细的计划之上。你可以使用精益画布来识别能检验商业模式的一些关键市场准入实验。其强调三个同等重要的方面即客户、创新/机会和利用机会的组织。请注意：精益画布中的四个元素，即渠道、客户细分、收益流和成本结构，与奥氏商业模式画布中的元素相同。我们将在这里进行详细讨论。在第十一章的内容中，我们还会提及这个知识点，但为避免重复，不再做深入分析。

## 创建精益画布：电子停车的创业机会

示例可以更好地阐明如何使用这样的画布。

许多美国和英国的大学校园没有足够的停车场供所有教职员工、学生和访客使用。这里有创业机会吗？亚当花了几个小时的时间想了一些创意，最终选择了创建一个在线营销平台。我们将在此背景下探索精益画布商业模式。我们将其命名为亚当的电子停车业务（Adam's e-parking business，AEB）精益画布。有许多网站提供商业模式和商业模式画布工具。

我们将探讨精益画布的每个方面。我们先从与 RTV 框架资源密切相关的元素开始：问题、解决方案和关键指标。

### 精益画布元素 1：问题

精益画布中的"问题"指的是客户的问题。商业模式利用的是与未满足需求相关的机会。换言之，如果你没有识别出客户问题，无论是痛点还是未实现的收益，你都是没有商业模式的。

> 精益画布特别适合新创业者和处于最早期阶段的企业。它可以使客户问题变得更加明确。

请考虑一下 AEB 精益画布的使用。"停车位不够"。实际上，那是**情景**，并非**问题**。它没有描述痛点或未实现的收益。所以我们需要深入挖掘。

缺乏停车位会导致两个客户群体面临问题。那些想把车停在校园里却无法做到的人将体验"无数可能的痛苦"，他们可能不得不步行或寻找替代交通工具，两者都可能造成时间损失。他们可能不得不为在其他地方停车或使用替代交通工具支付更多费用，这是财务负担。该机构可能有复杂的行政安排，以确定谁有资格在校园停车。这会产生经济负担或机会成本 ——很多人不得不在这上面花时间，而不能去做更有价值的事情。该机构可能要不断处理一些关于停车的投诉，特别是在学生人数经常变化的情况下。这个可能会产生人力资源成本以及与该机构负面看法相关的长期成本。

显而易见的解决方案即建造新停车场的成本极高，需要大量空间。该机构可能缺少足够的资源。

你能想到其他任何问题吗？请记住，任何问题都应该清晰、具体并可量化。

## 精益画布元素 2：解决方案

紧接着问题的是提议的解决方案。同样，清晰度在这里很重要。"解决方案"不是产品或服务，它是为了解决问题的特定方面而需要利用的任何东西。

从宏观层面来说，这个问题的"啊哈"时刻是一个简单的现实：大多数大学都位于城市，在附近的居民去工作时车道（甚至车库）是闲置的。换句话说，重新构建问题可能很有用。虽然不属于大学所有，但是该地区有足够的停车位。

当然，仅仅确定解决方案并不能解决问题。真正的解决方案需要从特定的解决方案元素开始，找出商业模式的其余部分。第一步是要意识到物业的所有者必须有权设定定价和访问限制。第二步是认识到通勤者（学生、教职员工、访客等）必须能够从可用选项中进行选择。

一旦明确了这些中间步骤，打造基于人群的停车市场的想法似乎值得探索。在过去的几年里，运营这样一个市场所需要的信息系统可能涉及一个物理公告栏、校园团队管理的文件柜中的一个文件夹，甚至是由勤奋的管理员维护的某种电子表格。当然，今天我们有更好的选择，可以利用网络或移动应用程序。我们可以建立一个网站，业主可以在上面列出他们的"车位"，包括可用性和定价，用户可以轻松搜索到，然后可以选择预定一天、一周、一个月、一个学期、一年甚至更长的时间。

很明显，这种解决方案可以解决画布中的全部问题。正如我们将在"成本"部分中看到的，这个解决方案最吸引人的方面之一是，它用虚拟信息交换的成本取代了传统物理停车场的建设成本。这完全与以下事实有关：问题不在于缺乏空间，而是缺乏有关可用空间的信息。

如果你已经对这个想法感到兴奋，请记住警惕太好但不可能实现的解决方案。我们认为，企业家应该在试探界限的同时，认识到真正的法律和道德约束。

"纳普斯特软件正在预测其侵犯版权的商业模式。"

——丹·法默

你能想到解决方案的其他关键要素吗？也许是一种新颖的付款方式？也许是某种类型的反馈或评级系统，以便用户获得有关选项的更完整信息？如果所有者误报了空间的大小或可访问性怎么办？如果用户在约定的时间内没有用车怎么办？如果用户让朋友在那里停放他的汽车该怎么办？

### 精益画布元素 3：关键指标

关键指标是确定机会是否可行以及组织是否有效利用机会的数据度量。关键指标是关键成功因素（critical success factors，CSF）的量化。如果创业者或组织搞错了 CSF 或无法有效地实施 CSF 的量化，那么该组织几乎没有成功的机会。

让我们再看看 AEB 这个示例。对于特定机构而言，可行的关键指标是什么？我们怀疑目前在校园内或附近停车的费用将位居榜首。我们对学生抱怨校园停车问题的数次调查均表明，成本通常不是决定因素。一些愤慨似乎源于学生们认为停车费用应该包括在学费中。另一个指标是教职员工停车需求的量化。可以说，教职员工是更稳定、更长期的客户群体；与学生客户相比，物业所有者可能更愿意与教职员工打交道。然而，我们可以说，最重要的指标之一是与获得车道空间的访问相关的购置（和维护）成本。如果成本（时间和金钱）过高，定价模型将限制愿意并且能够预定停车位的客户数量。同样，维护和更新系统（包括相关信息）的成本必须足够低，才能让市场产生合理的利润。一旦系统启动并运行，另一个关键指标将是客户（尤其是学生）的周转率。

你的机会的关键指标是什么？你会如何衡量它们？

尝试确定机会的 4~5 个 CSF、与这些 CSF 相关的关键指标，以及如何收集数据以评估指标。这也是一个思考你可以联系的任何行业或市场专家来讨论 CSF 和关键指标的好时机。

现在是时候进入精益画布的交易维度了，其包括客户、渠道和收益流。

### 精益画布元素 4：客户细分

客户群是拥有相同需求或购买偏好的消费人群。让我们再次考虑一下

AEB 的例子。许多人想要在大学校园停车：学生、教职员工、访客等。但他们没有相同的负担标准。例如，不熟悉校园的访客可能愿意为了方便而为几个小时的停车时间支付更高的费用。每天需要来校园的学生更有可能设计交通方案，以避免支付每日停车费用。大学教员可能愿意支付比学生更多的费用，但是也可能会考虑长期选择，例如，为了解决停车问题购买或租赁房屋。显而易见的是，"游客"不是 AEB 的良好目标市场，除非停车问题真的很严重。使用该系统需要花费时间和信息，访客可能更愿意支付更多费用而不是注册系统。

　　AEB 示例暗含了三个细分市场可能的购买偏好。即使在这个早期阶段，良好的商业模式画布分析也应该包括数据。数据将回答以下问题。

- 有多少百分比的学生愿意加倍努力以节省 10% 的停车费用？
- 有多少百分比的学生需要停车？需要停车至午夜？需要整晚停车？
- 有多少百分比的教职员工在校园停车？他们愿意支付多少费用？

## 精益画布元素 5：渠道

　　渠道只是吸引客户的途径。要完成画布的此部分，你需要回答以下问题。

- 你和你的组织将如何向潜在客户介绍你的产品 / 服务？
- 客户如何购买和支付？
- 你将如何向客户提供产品 / 服务？
- 你将如何提供售后支持？

客户旅程地图可以成为思考渠道和与客户互动的其他方面的有力工具。

　　如果你已经识别并调查了潜在的客户群，你很可能会发现不同的客户群需要不同的渠道。对于 AEB，我们会使用不同的渠道来吸引学生和教师。此外，由于 AEB 是"做市商"，因此业主也可以被视为客户（或者供应商）。学生和教师可以通过校园电子邮件来沟通，但业主需要某种直接沟通手段来说服他们参与进来。它可能是电话、邮件，甚至是挨家挨户的个人对话。所有客户最终都将使用网络或移动应用程序作为交易渠道，但需要交易渠道才能启动流程。

许多学生和潜在的创业者陷入社交媒体陷阱。他们发布了营销计划，声明："我们将使用社交媒体。"但却没有进一步的分析或细节。任何从事社交媒体工作或经营社交媒体的人都可以告诉你，这并不是那么简单的。

### 精益画布元素 6：不公平优势

精益画布中的"不公平优势"元素经常引起新创业者的焦虑。我班上的学生通常会提出一些不可持续或不正确的不公平优势，例如，"优秀的应用程序设计"或"优质营销"。经过一些质疑和讨论，许多学生（和创业者）惊恐地发现，他们无法清楚地发现不公平优势。

这是正常的。

以下是莫瑞亚对此元素的评论。

"我知道很少有初创公司在第一天就拥有真正的不公平优势，这意味着这个盒子将是空的……这个盒子并不是为了阻止你向前推进你的愿景，而是为了不断鼓励你努力工作发现／建立你的不公平优势。一旦创业公司取得初步成功，竞争对手和模仿者将不可避免地进入市场。如果你没有对它们进行防御，那么这些快速追随者就会使你面临失败的风险。"

"不公平优势"是竞争对手无法轻易复制、获取或以其他方式执行的东西。不公平优势可以通过以下方式产生：

- 独特且可保护的知识产权（如专利）；

- 通过多年的学习和经验，简单了解特定主题的人；
- 生产中的规模经济或产生良性循环效益的其他过程（如节约成本）；
- 与其他组织建立独特且受保护的关系，例如，与主要供应商、合作伙伴或客户签订的长期合同；
- 独特的专有信息（如商业秘密）。

你可能注意到虽然 AEB 在开始时没有不公平优势，但它可能会构建结构性（并且可能具有可持续性）的不公平优势。AEB 可以利用的稀缺资源是空车道空间。如果组织有将 AEB 商业化的想法，便可以让业主签署长期（如 3 年 /5 年）协议，那么另一家公司实际上不可能参与竞争。这种类型的优势称为供应商（或客户）锁定。这有点不寻常，但它确实发生了。

另一种可能的结构性优势形式是 AEB 在线市场被公认为特定校园的"标准"平台。如果组织能够与该机构达成某种形式（或非正式）的协议以促进或以其他方式使该平台合法化，则可能会发生这种情况。这种类型的平台标准化发生在许多情况下。例如，亿贝占主导地位的在线拍卖网站位于美国、英国和其他市场。亿贝的主导地位是自给自足的。买家想要使用卖家最多的平台；卖家想要使用拥有最多买家的平台。很多组织很难与那些已经建立了事实上的标准的组织竞争，这正是因为客户选择不使用该标准会产生明确的成本。

你已使用精益画布仔细地探索了机会的资源和交易维度，现在是解析价值维度的时候了。有三个要素可用于指导分析：独特的价值主张、成本结构和收益流。现在我们就可以讨论测试假设，准备为初创企业构建出色的商业模式了。

### 精益画布元素 7：独特的价值主张

精益画布的核心是独特的价值主张（unique value proposition，UVP）。阿什·莫瑞亚将这一元素描述为"一个单一、清楚、引人注目的信息，说明为什么你与众不同"并值得潜在客户的关注。

你可能会问，如果莫瑞亚认为它如此简单，为什么它在画布上占据最大的空间？好问题！

精益画布的最终目标是获得客户愿意支付的一个引人注目的价值主张。精益画布的一个关键目的，以及一般的"精益创业"思想，就是产生假设并使假设显而易见。如果你的业务处于早期阶段，并可以使用精益画布，那么你的独特的价值主张可能仍存在一些不确定性。你的短期目标是创建有助于测试和发展最小可行产品的实验。

据我们所知，AEB 并未实施。亚当已经引起了多所大学交通管理员的注意。但是，我们可以放心地说，目前尚不清楚它是否真的有效，或者需要多大的规模才能使其具有成本效益。亚当用有限数量的学生、教师甚至业主"测试"了这个想法；结果尚无定论。这一想法获得了大部分利益相关者尤其是学生的认可和推崇，但业主一直犹豫是否允许学生或其他人将车停在他们的车道上。两个大的未知数是合资企业的法律责任和保险费用。

我们在 AEB 示例中发现了五个可能的"独特的价值主张"，因为其仍处于机会阶段。它们似乎对我们来说都有可能；它们有些甚至是相互联系的。其业务模式尚未超出此阶段——关键数据仍然缺失，关键假设仍未经过检验。我们怀疑这些 UVP 中的一些可能会成为最小可行产品的最终关键组成部分。

你创建的客户旅程地图是考虑 UVP 的最佳起点之一。客户的需求和/或痛点是什么？在什么条件下，他们决定购买，而不是放弃或选择竞争对手的产品或替代选项？

有时候，UVP 看起来很明显，创业者也懒得去测试它们。这很不幸，因为测试 UVP 快速、简便且十分重要。

## 精益画布元素 8：成本结构

没有解决成本问题，就无法完成价值分析。在商业模式分析的早期阶段，你可能有很少或没有明确的成本信息，但这意味着此时正是开始收集成本信息的最佳时机。

为简单起见，AEB 示例仅显示了启动成本。完整分析还应包括运营成本的估算。

启动 AEB 风险投资将包括一些研究成本：在一个特定的区域内识别和调查房地产投资组合。有人确实需要走遍所有社区，确定哪些社区具有可用的停车空间；然后需要联系这些财产所有者，以试图让他们认可这个想法。

下一个关键成本是开发停车位在线市场的成本。有一些在线资源可以帮助创业者进行创建 Web 和移动应用程序的粗略成本估计。创业者应该谨慎使用这些资源，我的经验是，这些估计值通常相差 3~4 倍。某个估算器对于某种应用程序预览版的发布给出的估算值是 5 万美元，其实际成本可能低至 1 万美元也可能高达 25 万美元。更准确的数据可能来自实际应用开发小组的估算。

我们无法以相同的详细程度处理所有成本类型。一些成本很容易识别，其他成本可能需要详细的研究、深思熟虑的估计或基于直觉的猜测。使用你拥有的最佳信息进行估算。如果你没有任何信息，请试着去获取一些信息！搜索网络，调用业务连接，创建定量模型以合并一些潜在因素。尽你所能对成本结构设置一些界限。最终，你的成本估算决定了你能否进入整体商业模式可行性分析。只有成本结构良好，你才有可能进入商业模式分析阶段。

### 精益画布元素 9：收益流

每个创业者最喜欢的商业模式画布部分都是"收益流"。毕竟，这就是魔术发生的地方。

当我们在第十一章讨论 OBMC 时，我们将更仔细地区分不同类型的收入和定价机制。目前，我们只是想确保你有条不紊地考虑与你的客户需求和价值主张紧密相关的各种合理的收入机制。

考虑 AEB 的例子。没有人想在校园里买一块停车用地。更准确地说，人们想要的不过是在校园活动的时候能够方便地将车停在附近。一旦做出这种区分，它就为各种替代解决方案提供了机会，包括新颖的收入机制。AEB 致力于为校园附近的车道空间创造一个市场。显而易见的选择是对每个市场交易收取费用。但这会产生足够的收入吗？我们能想出更有创意的机会吗？

我们希望这能让你对自己的机会有所了解。很多时候，创业者会锁定他们所识别的第一个收入来源，而不会探索替代品。如果你还没有考虑替代方案，我们强烈建议你收集一些新想法。你将返回原始收入来源的可能性相当大。即使是这种情况，你也可以获得一些有关你的客户的新见解或创造收入的方法。

## 测试假设

如果你已完成了本章的工作，那么就具有了填充精益画布的关键信息。

在我们转向成熟和成长企业的 OBMC 之前，让我们强调一下精益画布和精益创业框架的最重要的好处之一——在这个发展阶段，创业者应该专注于提出和测试假设，目的是创建快速、低成本的"实验"，以获得最小可行产品：符合产品预期功能的最小功能集合。这个最小集合所包含的功能足以满足产品部署的要求并能够测试有关客户与产品交互的关键假设。

在 AEB 的情况下，最小可行产品可能只涉及学生工作者、电子表格、与学院的某种共同保险安排以及业主和需要空间的人签订的制式合同，或者它可能只涉及对当地房主的调查，看看是否有人愿意更多地了解它。

精益画布是一个功能强大的工具，用于组织你的想法、假设和有关机会的信息。它是测试你的创业机会的绝佳工具；提供了一个清晰、有效的商业模式图，用于探索和测试新企业的短期和长期可行性。

---

**本章概要**

- 精益画布是探索新的或处于早期阶段的商业模式的绝佳工具。
- 精益画布为通过实验和数据收集测试有关商业模式的假设提供了基础。
- 该画布可以帮助你将自己的创业机会的核心假设变得可视化。

---

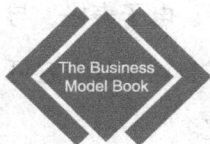

# 第十一章
# 成长型组织的商业模式画布

"金钱虽然能够解决多数问题，但也常常掩盖了一家企业真正的缺陷。它也会让企业在最需要出于客户开发模式或围绕市场机会进行迭代的时候面临商业模式僵化的危险。"

——梅勒·加维

第十一章内容的焦点是能够使商业模式处于"聚光灯"下的框架。亚历山大·奥斯特瓦德在他的《商业模式新生代》一书中介绍了奥氏商业模式画布。奥氏商业模式画布（OBMC）如图 11-1 所示，是一种侧重于实践的构建商业模式的方法。其反映了创业者如何利用商业模式作为组织发展和计划的工具。

OBMC 是大学创业课程中的常用工具，也是很多创业比赛、加速器和孵化器的主题，常常被创业者和投资者用于企业规划与发展过程中的关键参照。

当精益画布关注问题陈述和机会的时候，OBMC 关注于企业本身。OBMC有助于解决商业模式中的运营和成长问题，提供了一种思考商业模式调整与创新的灵活框架。

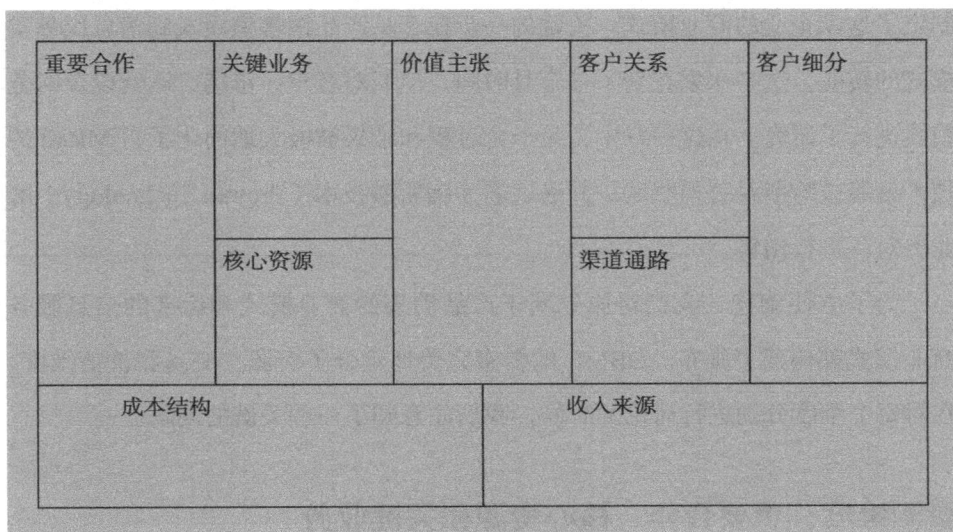

图 11-1　奥氏商业模式画布

# OBMC 商业模式画布

在第十章中，我们详细介绍了精益画布。对于 OBMC，我们会介绍得更为简洁一些，主要关注其区别于精益画布的要素。有需要的时候，你们可以回到第十章以获取相关细节。

在 OBMC 中，一共有九个商业模式要素。其中有五个要素与精益画布重叠：成本、收益、价值主张、渠道以及客户细分。此外，OBMC 使用了四个不曾在精益画布中出现的要素：重要合作、关键业务、核心资源和客户关系。

奥斯特瓦德的咨询公司 Strategyzer 制作了一段关于商业模式画布的两分钟视频介绍。

我们通过一个实际案例来对这种画布进行探索。MRail 是一家真实存在的公司，在其成立之前，亚当曾经帮助其做过研究。他与创始人们一同工作，并制定了这家企业的商业模式。关键的一步在于从产品销售型模式到信息服务型模式的转变。这一探索花费了三个月时间，他们对客户、市场、运营以及财务模式进行了研究。在这一章中，关于此过程和结果被极大地简化了！ MRail 的技术最终被哈斯科公司收购，并通过名为脯氨酸技术（Protran Technology）的业务对其进行销售。

为了方便阐述，我们对原先基于产品销售的商业模式和后来的信息服务商业模式都构建了画布。OBMC 的要素完美地契合了资源、交易和价值维度。在对每个维度分别进行讨论的时候，我们注意到了一些关键的问题。

## 资源维度：重要合作、核心资源和关键业务

在 OBMC 中，资源维度很明显与合作伙伴、资源以及成本紧密相关。重要合作和核心资源在精益画布中并无涉及，它们取代了"问题"和"解决方案"要素。在精益画布中，我们的关注点在于理解潜在创业机会的本质；而 OBMC 关注的是商业模式如何与组织的活动和能力相连接。

### OBMC 要素 1：重要合作

OBMC 强调了合作伙伴和合作组织的重要性。它们是谁？为什么它们是重要的？它们是如何与组织的核心资源和关键业务相连接的？

许多小型成长中的企业对于伙伴的选择纯粹建立在机会主义的基础之上。MRail 就是一个很好的例子。MRail 技术的发明者——尼布拉斯加 - 林肯大学的萨恩·法里教授，曾被介绍到总部位于奥马哈市附近的联合太平洋公司。联合太平洋公司为法里教授提供了一辆使用过的轨道车来安装他的第一个轨道偏转测量系统。这家公司帮助协调物流，用运煤火车来牵引这辆轨道车以便收集全美主要铁路线路的数据。一个可行的商业模式要求联合太平洋公司成为一

个埋单的客户，而不是研究伙伴。而事实上，联合太平洋公司只是出于好意，为法里教授提供了免费的资源。

引导这一思路并在现实世界中对轨道偏转测量系统进行检验是不错的方式，但是合作伙伴与客户有着比较大的差异。更糟的是，如果伙伴关系过于紧密，会妨碍这家创业企业将其产品/服务卖给其他客户。铁道运输行业具有十分复杂的动态性。竞争者常常分享资源（例如，铁路基础设施），并协调活动和信息（例如，火车的位置）以避免碰撞或脱轨等灾难的发生。然而，他们终究还是竞争者；像联合太平洋公司这样的"伙伴"是否允许 MRail 将其服务卖给其他铁路公司还不得而知。

那么，谁会是合适的合作伙伴呢？在原先的计划里，公司出售包括轨道偏转测量装置在内的完整的轨道车辆，并没有明确的合作伙伴。MRail 不得不所有事都亲力亲为。聚焦于数据管理的解决方案则指向了不少潜在的合作伙伴，包括轨道车辆自持设备的生产商、轨道车辆服务公司（包括租赁和维修）、轨道检测和服务公司、行业内已有的大型物流和装备公司（例如，ABB 和西门子公司）。

这些合作伙伴由于代表着潜在的退出机会而同样具有吸引力。对于一家轨道偏转测量技术公司来说，最有可能的收购者会是行业内已有的大公司，而不是铁路部门。

## OBMC 要素 2：核心资源

奥斯特瓦德承认竞争优势资源基础观的关键本质。他发现，一个商业模式要想创造价值，取决于其所使用的资源。创业者有着一些特定的资源，另外一些资源则可以相对容易地获得。然而，有些资源的获取则由于成本或有限的权限，会构成挑战。

OBMC 从相对简单的问题开始。你已经使用的核心资源有哪些？哪些资源会增加为客户创造的价值？与重要合作一样，真正的价值来自认识到这一要素如何与其他要素连接。

让我们再次回到 MRail 的 OBMC。在核心资源方面，修改前后的 MRail 商业模式有何不同？最明显的改变在于从物理设备到信息系统的变化。随之而来的是对于具体的数据管理和分析能力的需求。与铁路部门的关系也转移到客户关系领域。在这个案例中，核心资源不是铁路轨道运输车，而是将技术转化为可适配任何轨道车的更小的"产品"的工艺。

这是一个伟大的时刻，使用画布器来构建你的第一个 OBMC 吧。如果你正在构建自己的 OBMC，那么你会从这章的阅读中收获很多。实践远比只是阅读要来得有效。想一些商业的点子或者开始规划你的企业。如果你不知道从哪里入手，那就从核心资源开始吧。

## OBMC 要素 3：关键业务

在一个可行的商业模式中，关键业务是一个未得到正确评价的要素。在组织分析中，"业务"有时候会与能力，甚至是交易混淆。当我们在商业模式分析中谈到业务时，我们关注的是对价值创造、客户关系以及渠道管理至关重要的业务。挑战在于识别哪些业务举足轻重。那么，业务中的"ACT"究竟指什么呢？

实现商业模式可行性的"ACT"分别是可评估（Assessable）、关键（Critical）与及时（Timely）三个单词的第一个大写字母。

可评估的业务是可以被观察、衡量并提升的。有些创业者相信他们可以基于能够产生价值但无以言说的能力来完成业务。然而，他们将内隐能力和无法言喻的能力混淆了。内隐能力，如骑自行车，是通过经历和实践而不是外显的指导来获得的技能。而无法言喻的能力听起来不错，但经不起推敲，例如，"我们将使用世界级的编码技术来创建人们喜欢的 App"。

客户旅程地图（见第十章）能够帮助你评估你们的关键业务是否关键与及时。如果你跳过了第十章，还是有必要花时间探索这一有价值的工具。无论你的客户旅程地图看起来如何，你都可以将其用于生成一张商业模式的业务地图。对于你的客户旅程地图中的每一个主要节点、过程、事件或里程碑，都会有相应的关键商业模式业务。也许会有所重叠：有些业务可能与地图中的多个阶段相关联；一个事件可能与多个商业模式业务相关联。相关关系并不一定是一对一的。然而，如果对于某一特定事件没有业务与之相联系，很明显这已超出你的控制了。这几乎可以肯定不是一件好事！

最后，关键业务是及时的。这也许显而易见，尤其对于有着运营和物流经验的商务人士来说。然而，对于创业者或成长型公司的管理者来说，挑战在于认识到时机和目的同等重要。业务是否在必要的时候发起并完成？它们在组织中持续运行着还是被某些特定事件所激发？如果你的关键业务过于模糊以致衡量它们十分耗时、昂贵甚至是不可能的，那么你就有了麻烦。

让我们看看这一点是如何应用于 MRail 的。在原先基于产品的 OBMC 里，关键业务是获得轨道车并用激光轨道偏转测量系统对其进行改进。与重达 20 吨、只能沿着事先铺好的轨道移动的轨道车打交道，是物流上的噩梦。可评估的意思十分直白（成本、实用性、位置），但是及时性则引出了各种各样的问题。单单是将轨道车在正确的时间移动到正确的位置就要求有 20 吨的"机车发动机"。

在信息服务 OBMC 中，企业的主要资产是提供轨道质量评价的数据和分析。及时性不再是问题。现在的关键业务是有效地更新数据库并为火车驾驶员们提供几乎实时的信息和建议。这些业务仍然是可以被评估的：关键的指标将是轨道任意给定部分之间测量的平均时间，平均的系统运行时间以及总体的数据完整性。

如果你完成了精益画布，那么你应该已经确定了自己商业模式中的关键指标；那些便是应该被整合进 OBMC 的关键业务。

在我们切换到交易维度之前，让我们回到你的商业模式的总体资源基础。OBMC 和精益画布最大的差别就在于这一维度。如果你没有完成精益画布，你应该考虑完成"问题""解决方案"和"关键指标"部分。即便表面上它们并不是 OBMC 的组成部分，但其对于思考你的资源如何在你的商业模式中发挥作用极其有帮助。

## 交易维度：客户细分、渠道通路和客户关系

奥斯特瓦德建议 OBMC 从客户细分和客户关系要素开始。使用 OBMC 假定创业机会关注于将合适的创新成果推向合适的客户，而不是评估创新本身是否可行。

OBMC 中的客户细分和渠道通路要素与精益画布中的同样有效。我们不在这里重申那些领域需要解决什么，而是更为深入地探讨 MRail 的 OBMC。

### OBMC 要素 4：客户细分

我们在这里有必要重申一下，客户细分中的客户仅仅是一群拥有相同需求或购买偏好的客户。这一分析在 OBMC 中需要采取两个步骤。首先，我们希望直接处理第三章中提到的"跨越鸿沟"的挑战。其次，我们希望更好地根据规模和类型对潜在客户进行分类。

从"跨越鸿沟"得出的关键教训是创业者常常被目标市场小部分分支用户对于一个创新产品的热忱行为所欺骗。这些"技术爱好者"积极地寻找创新，

并接受不完美的技术，以便能够保持领先位置。然而，他们只代表市场的很小一部分。创业者错误地将技术爱好者的接受度理解为其创新产品已具备市场接受度的证明。事实上，只有当一个创新产品展现出经济回报和已建立的认证信息时，它才能被市场所广泛接受。

除了理解细分市场划分的时机，OBMC 应该按照细分市场规模对客户和细分市场进行优先级排序：哪一个细分市场最大以及哪一个成长最快？你不一定会将最大或成长最快的细分市场作为你的目标，但你应该对此了然于胸，而不是做一只无头苍蝇！

就 MRail 的 OBMC 而言，细分市场相对简单直白。MRail 可以直接向铁路部门或者铁路服务企业销售自己的技术。在美国和英国，铁路运营公司可以根据其运输内容（乘客或者货物）和运营规模（全国、区域或者当地）进行细分。铁路服务企业也同样可以根据规模和提供的服务类型进行细分。然而，哪一个细分市场最具有吸引力，这并不是显而易见的。产品销售模式和信息服务模式之间在客户细分方面是否有所差异？请仔细思考。

## OBMC 要素 5：渠道通路

OBMC 明确识别了渠道通路的五个阶段：认知、评价、采购、配送、售后。这些应该与你的客户旅程地图相匹配！基于地图，你应该认真思考你的目标客户所偏好的渠道。如果你有时间和资源，你可以开始探索渠道的效率。如果你有更多的时间和资源，并且在考虑多个渠道，那么思考一下这些渠道如何相互协同或可能产生冲突。

大部分公司，尤其是处于初级阶段和成长阶段的公司，通过公司自身所偏好的渠道或竞争对手偏好的渠道来服务客户。第一种应该是显而易见的。当公司成立之时，创始人或管理者依赖于关于如何接触客户的假说。这些假说可能是对的，也可能不对。然而，一旦启动，渠道的结构往往是根深蒂固的。改变你的主要渠道是需要一定成本的，尤其是当你可能需要重新教育你的客户时。

那么 MRail 在这方面又如何呢？无论是产品销售模式还是信息服务模式，很有可能都要求直接的销售，而客户又相对较少。安装解决方案在客户之间可能是相对一致的，但不可避免地，为了满足每一个铁路运营商对路线和基础设施的特定需求，会有一些定制化服务。

对于许多处于早期阶段的公司来说，可能没有足够的注意力和资源来详细探索渠道的选择。深入的渠道分析通常来说也超越了 OBMC 和初次商业模式构建的目的或意图。

## OBMC 要素 6：客户关系

OBMC 的客户关系部分与精益画布有着很大的不同。精益画布关注于公司或创新产品将会努力获得的相对于竞争对手的不公平优势；而 OBMC 则强调客户关系，而不是创新本身。OBMC 认为，不同的细分市场需要不同的关系。请注意，这里所说的关系不同于渠道。

取决于细分市场和渠道，客户关系既有私人一对一的联系，也有完全去中介化、保持距离的互动。基于与大量创业者和学生的互动，我们发现客户关系有两个特征，即接近度和参与度。

接近度指的是关系有多么紧密或直接。在当下这个技术相连的世界，接近度可能并不意味着地理上的接近度。高接近度的关系要求你组织中的某个人可以时刻与客户保持联系。

参与度指的是互动水平和对关系的贡献。低参与度的关系除了有价值货物的交换之外，要求的额外参与较少。高参与度的关系则要求参与者保持注意力、表达观点，并为交易做出贡献。

图 11-2 展示了基于接近度和参与度的不同类型的客户关系。没有任何一个象限是天生好于其他象限的。与此同时，被卡在中间很有可能没什么好处。如果参与度具有价值，那么提高参与度会提升客户关系。英国连锁超市维狄杂货铺（Waitrose grocery stores）提供了客户参与度的一个很好的例子。在收银台，顾客们会收到一个标记，可以被用来为当地的慈善机构投票。每个月，维狄都会捐出一部分利润给顾客们投票选出的慈善机构。这一低成本的系统在顾客们每次到访时，都加强了其社区意识。

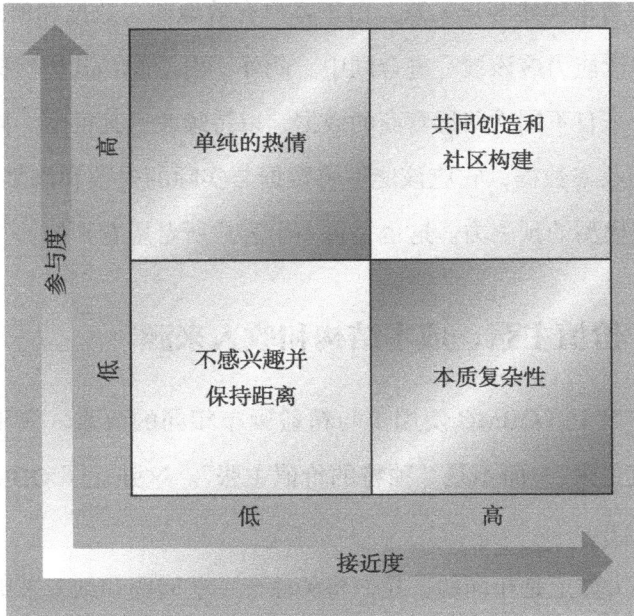

**图 11-2　客户关系中的接近度和参与度**

如果你能够识别出你的客户关系中的接近度和参与度要求，那么你会对你的商业模式如何产生销量有更多见解。以下是你需要回答的关键问题。

- **细分市场偏好于与贵公司保持怎样的关系？**

- 现有的关系如何与公司的资源和价值主张进行整合？

- 这些关系具有成本有效性吗？

- 现在已经存在的关系有哪些？

- 不同的细分市场需要不同的关系吗？

- 接近度和参与度对这些关系有多重要？

MRail 的商业模式揭示了客户关系要求中重要的差异。基于产品的 OBMC 相对来说是低参与度的，因此依赖于本质复杂性。然而信息服务 OBMC 有潜力基于共同创造来构建客户关系。由于客户有效地购买数据和信息，MRail 的分析和数据解读能力应该被写进合同中。此外，由于 MRail 仍然拥有数据，因此有可能整合来自不同铁路运营商的数据，以持续改进其模型。换句话说，随着 MRail 长期收集数据，它应该能够将数据与实际的失败和修复信息相匹配，以便持续改进模型的预测力。这也是每一个客户所希望看到的。

## 价值维度：价值主张、成本结构和收入来源

在价值维度上，OBMC 使用了与精益画布相同的要素。只不过，OBMC 用的是"价值主张"，而不是"独特的价值主张"。这强化了 OBMC 对企业而不是创新的关注。

由于框架大体上是相同的，我们将关注于一些问题和细节来更为深入地探索一些要素，并引用 MRail 的 OBMC 作为例子。

### OBMC 要素 7：价值主张

建立价值主张需要三个步骤：识别客户的痛点或获益点；论证产品 / 服务是否满足客户的需求；将价值主张与竞争优势相连接。

（1）步骤 1：识别客户的痛点或获益点

一个难以接受的事实是，许多创业者和管理者并没有充分理解为什么客户购买其公司的产品或服务。

如果你已经使用了移情设计原则来观察客户的行为，那么你可能对你的客户的痛点或获益点有了一个比较好的理解。痛点是未得到解决的问题，获益点是价值增长点。

在 MRail 的例子中，铁路运营商面临着两个相互关联的问题或痛点。首先，轨道故障造成的脱轨意味着巨大的成本。与明显的原因相比，脱轨无疑是灾难性的事件。其次，靠视觉观测数千千米的轨道从逻辑上讲几乎是不可能的。这使得铁路部门不得不面临两个不那么吸引人的选项：接受轨道监控所带来的高额的成本或者是忍受极高的脱轨成本。

最重要的事：花时间观察并与你的（潜在）客户互动，以便充分了解其需求。

（2）步骤 2：论证产品 / 服务是否满足客户的需求

一个好的起点仅仅是列出产品或创新的特征。它的特征是什么？规格如何？每一个特征为使用者带来了什么好处？

对于大多数企业而言，在没有与客户互动的情况下做到这些是不可能的。一些创业者和企业管理者更喜欢在保密的情况下开发概念，并推出产品和服务。有时候这类保密工作是重要或必要的，但我们的经验告诉我们，这并不总是一个好的主意。

只要有可能，让产品、服务或者一些合理的副本呈现在潜在的客户面前是十分重要的。你认为是亮点的特征也许到头来却是最低标准甚至是不必要的。关于哪些特征是"必要""增值"抑或是"毫无价值"的，只有客户才是最终的仲裁者。

因此，明确列出客户的需求是十分重要的。关于这点，应该在你的客户旅程地图和客户观察中就已浮现。好的机会通常都带有产品特征和客户需求之间明确的、几乎线性的连接。

### （3）步骤3：将价值主张与竞争优势相连接

好的商业模式仅仅是成功企业的开端。最终，商业模式需要引导企业建立可持续的竞争优势。长期可持续的竞争优势将伟大的企业与仅仅能干或不错的企业区别开来。

最简单的可持续优势来自竞争对手无法简单复制或获取的独特的资源、能力或结构化优势。有时候这些是非常物理或外显的资产，例如，土地权或专利。有时候它们则是内隐的或无形的，例如，独特的设计技巧或建造才能。有时候它们仅仅是结构化的，例如，规模经济或长期合约。几乎所有这类优势都能够使公司基于更好的成本地位或更有效地满足客户需求，而区别于竞争对手。

思考以下两个问题。

a. 如果你的产品或服务通过降低成本而向客户提供了价值，那么你能够通过持续降低自己的成本以保持领先于竞争对手的位置吗？

b. 如果你的产品或服务更好地满足了客户的需求，那么你能够收取额外费用，支持更为长远的发展以保持领先于竞争对手的位置吗？

为了应对这一特定的挑战，奥斯特瓦德的企业开发了一套"价值主张画布"以作为对OBMC的补充。这会是一个引导你思考价值主张的很有帮助的工具。

## OBMC 要素 8：成本结构

与精益画布一样，将初创成本与经常性的运营成本分离开来是至关重要的。即便你运营着一家盈利企业，你也应该探索并辨别与新产品或服务的推出有关的一次性的成本。

OBMC 鼓励关注商业模式中最重要和最昂贵的成本要素。接受 80/20 法则是明智的（例如，80% 的成本来自 20% 的系统）。与此同时，确保你能够意识到那些昂贵的条目是否真正驱动了商业模式中的价值创造。

在精益画布和 OBMC 中识别成本的目的在于引导你思考你的商业模式如何以及为何行得通。一旦你决定向前，你有可能会想要将更为复杂的成本分析和预测整合进来。使用外部效度验证以确保你没有错过重要的事情。行业专家和管理者应该能够帮助你确保正确地识别关键的成本要素。

在 MRail 基于产品销售的 OBMC 中，考虑到现金、时间和物流成本，获得轨道车是整个运营过程中最大的成本之一。然而实际上，轨道车并没有为整体的系统提供价值。在原先的商业模式中，它们仅仅是确保检测装置能够随火车运行的一个机制。

## OBMC 要素 9：收入来源

精益画布关注的是客户实际上会买什么；而 OBMC 探索的则是可替代的、最优化的收益机制。

从你的价值主张开始：客户究竟需要什么，并愿意为之埋单？

一旦你明确了客户会为何而埋单，便可以开始考虑可替代的收益机制类型。基于是向客户出售、出租、补贴还是许可某些东西，你可以尝试识别产品或服务的特定本质。交易是一次性的还是经常性的？使用某种机制类型所带来的优势或问题是什么？

MRail 的客户究竟想要买什么？毫无疑问当然不是轨道车！当然他们也不需要激光轨道偏转测量装置。当你继续分析下去，你会发现他们也不需要其整个轨道系统关于轨道质量的大型数据库。他们想要的只是知道哪一小段轨道最有可能出现问题，并且需要及时的检修。

你现在应该至少构建了一个（有可能两个或更多）商业模式。如果你使用全部三个框架（RTV、精益画布、OBMC），那么你就有了一个工具箱，帮助你在企业发展的任意阶段生成绝妙的商业模式。

---

**本章概要**

- OBMC 为初创企业提供了一个更为全面的商业模式分析工具。

- OBMC 在确保你的商业模式有效连接企业资源与能力和特定细分市场客户需求方面十分有效。

- 使用 OBMC 来探索更多的可能性：新的收益模式、新的渠道、新的细分市场、新的价值主张。

- 当你识别出有些信息相对容易获取或证明时，OBMC 是最为有效的；使用 80/20 法则以使自己获利。

---

第十二章
# 复杂型组织的商业模式分析

The Business
Model Book

"对于战略家来说，多重商业模式的实施不是风险，而是一种新的工具。"

——卡萨德苏斯·马萨内尔（Casadesus-Masanell）和塔尔齐扬（Tarziján）

商业模式是通过技术创业进入主流管理领域的，本书的大部分内容都聚焦于创业情境。但每个组织都拥有一套可以识别、评估和调整的商业模式。

在本章中，我们将讨论"大"业务背景下的商业模式分析。我们可以使用同样的分析工具，但是必须解决更大业务实体所带来的日益增加的复杂性，这可能需要更加复杂的商业模式或使用多重商业模式。

## 超越基本的商业模式

识别和评估大型、复杂型组织的商业模式需要仔细考虑分析的目的。例如，使用 OBMC 进行的高层次分析可能足以探索出竞争定位中的新挑战或价值主张 – 客户细分连接中的新缺陷。这种类型的分析通常可以相对快速地完成，而不会过度关注详细的操作问题。

但是，如果高级管理人员认为组织商业模式面临的威胁是重大且持续的，那么这种高层次分析可能无法提供足够的细节来寻求替代方案。

在我们的课堂上，当学生们被要求去识别大公司的商业模式时，他们往往会默认其为该公司标志、标语或最新广告方案的变体。苹果公司的商业模式被描述为"创意人士的酷炫产品"；沃尔玛/阿斯达的商业模式是"日常用品的低价销售"。这些都不是商业模式，它们是精练而令人难忘的广告语，可以捕捉到这些组织希望消费者记住的东西。

商业模式分析之所以强大，正是因为它将大量的信息总结成简单的叙述，从而便于分析和评估。然而，当底层信息过于复杂而无法有效地简化时，这种优势可能会成为一个重大的弱点。例如，苹果公司从各种相关但不同的产品和服务中获取大量的收入和利润，包括应用商店、苹果手机、台式电脑、笔记本电脑、平板电脑和 iTunes 音乐销售。将其简化为几句话，会遗漏其许多关键的特性和功能，正是这些特性和功能推动苹果公司成为世界上最有价值的公司。

大型、复杂型组织的商业模式分析需要三种工具中的一种——每种工具都有优点和缺点。当简洁性和简单性有价值时，可以使用我们研究过的任何一个框架进行分析，这些分析是快速和高效的，为组织的主要优势和挑战提供了一个高层次的视角。这种分析最适合用作筛选工具，以确定需要进一步研究的领域。

另一种选择是更聚焦、更深入地研究某一种框架下的商业模式，在该分析框架下尽可能地扩展各种商业模式元素。我们在第九章到第十一章的内容中讨论了 RTVN、精益画布和 OBMC 工具，使用这些工具中的一种进行数据收集和仔细思考，可以对复杂的商业模式进行详细检查。这会诊断出一个看起来失败的商业模式，以及可用的业务变更和创新。这种分析仍然可以总结在一页画布中，但是该总结不太可能真正反映出分析中揭示的更微妙和值得注意的问题。复杂的商业模式不能总是用简单的画布来表示。

最后，你还可以选择处理多重商业模式。对于某些组织来说，这是唯一现实的选择，尤其是在故障排除和重新设计期间。明确地接受一个组织有多重商业模式常常会简化分析过程，因为这可以对每个产品－细分连接都进行有效的探索，而不会受到其他公司业务的干扰。然而，要进行有价值的分析，关键是要把商业模式重新组合起来。

分析一个复杂的商业模式相对简单，它需要更加关注每个商业模式元素的细节和深度。处理多重商业模式是另一回事，因为同一组织中的多重商业模式可能是并行的、相互关联的或协同的。

## 复杂的商业模式

OBMC 是探索大型组织商业模式的绝佳工具，因为它侧重于组织的元素和流程，而不是机会，所以它可以扩展到处理大型、复杂型组织的商业模式问题。

例如，策略设计者的价值主张设计画布扩展了 OBMC 中"价值主张"元素和"客户细分"元素之间的联系，提供了一种探索多个客户群和多种产品 /服务供应的简单方法。

随着组织变得越来越大、越来越复杂，它们可以专注于扩展其核心商业模式或探索其他商业模式。

因此，分析大型组织的商业模式可能与使用本书中提供的各种工具和工作表来解构主要商业模式的每个元素一样简单。一般情况下，我们建议使用 OBMC 而不是精益画布，因为它侧重于组织而不是特定的机会或创新。表 12-1 展示了如何使用我们已经讨论论过的各种业务分析工具和框架来探索OBMC 中的每个元素。

表 12-1　使用 OBMC 探索复杂的商业模式

| 商业模式维度 | 商业模式元素 | 研究和数据收集框架 |
| --- | --- | --- |
| 资源 | 核心资源 | SHaRP 分析 |
| | 关键业务 | 客户旅程地图 |
| | 重要合作 | RT 和 TV 分析 |
| 交易 | 客户细分 | 价值主张设计；跨越鸿沟 |
| | 渠道通路 | 客户旅程地图：认知、评价、采购、配送、售后 |
| | 客户关系 | 邻域与啮合分析 |
| 价值 | 价值主张 | 价值主张设计 |
| | 成本结构 | 启动和运行分析：80/20 法则 |
| | 营业收入 | 头脑风暴替代收入机制 |

　　实际上，描绘复杂的商业模式仅在范围上有所不同。使用你可以利用的全套工具，有效地总结并综合考虑商业模式的整体和部分内容。

　　举个简单的例子，考虑一家杂货店。大多数杂货店使用一种商业模式来服务多个产品领域——有小孩的家庭、注重健康的运动员、精打细算的顾客等，这家杂货店可能会提供便利产品、有机食品和包括品牌食品在内的低价主食。

　　杂货店商业模式的资源、业务、渠道和其他要素大多或完全符合这些价值主张 – 细分组合。我们可以使用表 12-1 中标识的底层框架充实所有元素，形成一个复杂的 OBMC。

　　因此，在这种情况下，商业模式分析是恰当的但并非唯一需要的，存在各种营销、销售和渠道导向的工具和框架，可以满足产品 – 渠道 – 客户的需求。

　　与此同时，商业模式分析对于探索其他常见示例的替代方案和新方法是有价值的。

　　大多数杂货店出售食用油、醋、香料和烈酒等烹饪原料。但是，考虑到该行业的利润率相对较低，在大多数杂货店购物是一个非常程序化的过程，其已经针对效率和接待人数进行了优化。

慢餐运动和生活方式偏好的改变等趋势为其他产品－渠道－客户组合创造了机会。例如，德国快速成长的哈罗鲜公司每周都会把食谱和新鲜的食材运送到你的家门口，这样你就可以在家做出美味、简单和健康的饭菜。同样地，英国的放牧公司也会使用精确的数据分析引擎，每周通过邮报发布需求，来定制你的快餐。一个标准的杂货店很难完全改变"杂货店购物"的体验来适应其中的一些趋势，它需要改变商业模式中使其不连贯和低效的其他部分。

相反，拥有全新商业模式的企业已经出现，它们提供非常不同的食物体验。像爱丁堡的酒坛专卖店（Demijohe），以及皮耳森啤酒（Vom Fass）这样的大型连锁店，都充分利用这些趋势来设计不同的商业模式。它们卖的是特产、小批量的酒、油以及其他食品和饮料，其价格远远高于一般杂货店的价格。顾客需要到店里来试用一种或多种样品，在店里逗留并与服务员聊天。其产品和体验都代表了一种完全不同的销售"主食"的方式。探索这些类型的组织的商业模式将揭示成本结构、收入来源、关键业务和其他领域的主要差异。

在美国，大多数杂货店一直专注于核心的杂货店商业模式，其中大部分都可以在"复杂的商业模式"的背景下重新进行评估。

包括乐购（Tesco）和森宝利（Sainsbury）在内的英国最大的食品杂货机构，已经从其食品和食品相关产品业务戏剧性地扩张至金融服务、服装和手机业务。我们仍然可以使用打造"复杂的商业模式"的方法，但几乎可以肯定，将其看作并行的或相互关联的商业模式更为有用。

## 并行的商业模式

"但是，重塑和开创新的商业模式不仅令人兴奋，而且可能带来非常丰厚的经济回报，更重要的是，对白手起家的企业家来说，这很容易实现。"

——黛安·奥斯古德，维珍公司业务创新总监

运营并行的商业模式并不是一个新想法，任何拥有完全不同业务实体的控股公司实际上都在运营并行的商业模式。一些大公司确实经营着完全不同的业务——理查德·布兰森（Richard Branson）创立的维珍可以说是一个很好的例子。维珍运营的业务有些是部分相关的，有些是紧密相关的。例如，维珍在交通运输领域管理着许多相关业务；而交通运输、医疗保健和媒体业务之间的联系并不明显。布兰森始终聚焦于敢于承担风险、接受失败并通过经营擅长的业务赢得胜利，而不依靠于任何独特的或特定的能力。

对于布兰森而言，并行商业模式的价值在于确保没有一个实体变得大到难以管理。在较小的组织中，诊断商业模式问题从根本上来说比较简单。

"在我们的唱片公司，当业务量变得过大时，我会找到副总经理和副销售经理以及副营销经理，然后说：'你们现在是一个新公司的总经理、销售经理和营销经理了……'我们将公司一分为二，然后当该公司达到一定规模时，我会再做同样的事情。"

——理查德·布兰森

组织内的并行商业模式已经变得有些罕见，在一个大型组织中采用不同商业模式的流行程度有起有落。20世纪70年代和80年代，企业战略家利用波士顿咨询公司（BCG）的增长–份额矩阵，展示了如何使用不同的商业模式来平衡多个实体之间的现金流，但这已经淡出人们的视线。为了创造竞争优势，企业战略已经转向更加基于能力的框架。成熟的金融产品和市场减少了利用一家企业补贴另一家企业的做法。

如果你的组织正在运营并行的商业模式，你可以使用我们探索过的任何一

个框架简要地单独分析每个模式。并行的商业模式没有显著的联系或交互，一种商业模式的变化，甚至是废止，应该对其他商业模式没有实质性的影响。

如果你正在运营并行的商业模式，那么最好确保在单个组织中这样做是有意义的。维珍似乎是证明这一规则的例外，这家公司和它的创始人一样独一无二。

## 关联的商业模式

"让我感到惊讶的是，有些同时运营多种商业模式的管理团队，对商业模式的指标、权衡、规模和能力要求之间的差异并没有明确的界定……其中一种模式往往会占据主导地位，在这两者之间的平衡会带来中等的甚至是无利可图的业绩。"

——基思·麦肯齐

总部位于英国的零售商乐购已经将其业务大幅度地扩展到各种其他服务业和实业，该公司运行的是一种大型的商业模式、多种并行的商业模式还是多种关联的商业模式？

这是一个具有挑战性的问题，每个选项都可以提出很好的论点。乐购也许可以被描述为一家提供几乎所有普通消费品和服务的一站式低价商店。也许杂货零售、金融和技术服务真的是并行模式，只是碰巧在一个普通的零售网点中出现。或者，客户需求的共性和基础设施的使用可能指向不同但相互关联的商业模式。

关联的商业模式在较大的组织内运行，但在商业模式的维度中共享元素，一个很好的例子就是戈尔公司（W. L. Gore）。大多数消费者认可该公司用于制作防水服装和鞋子的 Gore-Tex® 面料，但这一基础技术同样支持从医疗设备到重工业甚至手机等领域的材料生产。

一方面，为了在这些不同的领域开发、生产和销售产品，戈尔公司使用各种不同的组织流程，这些流程在商业模式的元素中各不相同。生物制药的客户群与鞋类的客户群有很大不同，交易和价值主张也有所不同。主张所有这些都适合一种非常复杂的商业模式可能适得其反，每个要素内部的差异都需要非常详细和令人困惑的权变。

另一方面，不同的商业模式通过非常具体的组织资源和功能明确地关联起来。其中两点特别值得注意。第一点是戈尔公司是全球公认的"膨胀聚四氟乙烯"（expanded polytetrafluoroethylene）材料领域的领导者，该技术构成了几乎所有戈尔产品和技术解决方案的基础。

第二点是将真正非典型的文化与不同寻常的组织结构结合起来。戈尔公司强调以绩效为基础、以创新为中心的文化人尽皆知，我们可以注意到几个关键点。首先，每个员工都是"伙伴"。只有当员工承诺在特定的项目和活动上跟随其他人时，层级关系才有意义。其次，公司确保采取真正长期的方法进行创新和发展。其确保产品开发活动与市场营销和客户支持等其他职能密切相关。最后，戈尔公司不允许其网点发展超过一定规模——通常是150~200人。当一个部门、团组或网点超过这个限度时，公司将进行拆分和/或重新分配团队，以确保每个网点内部的人都充分熟悉并顺畅沟通。

关联的商业模式可以成为强大的机会驱动力。戈尔公司因其创新成果而闻名，它是英国每年仅有的12家入选《财富》杂志百强"最佳雇主"的企业之一。

谷歌母公司Alphabet提供了另一个更复杂的关联商业模式的例子。公司的核心业务通过内容广告和移动广告创造了在线广告收入，但它的成功是以大数据价值为基础的——也许是世界上最大的数据库。这些数据对于指导和使广告活动盈利非常有价值，但 Alphabet 公司显然将其扩展至了其他用途。其旗下拥有和投资的公司数量在不断增加，但有少数公司清楚地表明该公司在数据方面的优势是如何超越广告业务的。

自动驾驶汽车的概念完全是由数据采集和分析驱动的，汽车上的传感器和软件必须实时获取和分析大量的数据。现在，假设一个集中式机器学习系统使用所有这些数据来不断更新自己的算法和决策规则。像 Alphabet 公司旗下的 Waymo 子公司这样的系统，其真正强大的地方不在于其母公司拥有优秀的程序员和数据管理工具，而是中央系统可以整合和收集每一辆使用该系统的汽车的数据。

一个人类驾驶员希望从自己的驾驶经验中总结教训，提升驾驶技能，他可能需要每年驾驶几千千米甚至几万千米的里程，但如果 Waymo 公司有 50 辆汽车在运行，每辆汽车每年行驶 10 000 千米，那么该系统每年将收获 50 万千米的驾驶经验，并且每辆车都可以自动获得这些经验。2016 年，Alphabet 公司宣布该系统累积了 320 万千米的驾驶经验。此外，它还重新模拟了每天 480 万千米的驾驶里程。

推动谷歌原始搜索引擎技术的数据采集、管理、分析和机器学习等基础资源正被应用于各个领域，从自动驾驶汽车到生物技术、天气预报、家庭能源使用、机器人以及地缘政治安全和人工智能等更抽象的概念。

使用关联的商业模式需要明确地识别这些连接，特别是在分析关注商业模式的变化和创新时。虽然分析可以从不同模式的关联元素开始，但我们建议管理人员将这些模式视为并行的，以完全发现其中关联的元素。从单独的模式开始分析还会揭示实际需要多少不同的模式。

例如，戈尔公司有 10 种不同的产品类别，管理者在进行商业模式分析时可以分别评估每个类别。然而，不同类别之间的联系相对简单：一种常见的化学制品／材料和一种非常特殊的组织文化和结构。如果你要对戈尔进行商业模式分析，那么你可能希望首先在资源维度内评估这些需求，然后根据产品－客户细分组合填充单独的画布。

而 Alphabet 公司需要复杂而精细的商业模式分析，以涵盖整个组织。Alphabet 公司有各种各样的商业模式在并行，有些模式不仅仅是相互关联的。谷歌使用其网络内容知识来产生广告收入（广告联盟），但它也利用广告收入来保证内容的产生（YouTube）。这些类型的商业模式是自我强化的——它们是协同的。

## 协同的商业模式

"我们预计，大多数领先的科技公司将拥有五种或更多种商业模式……"

——埃森哲：在新商业模式中取得成功

多重商业模式没有内在的优势。事实上，风险资本家和私人投资者对于试图一次实施多种商业模式的初创公司的投资非常谨慎。不同的商业模式有不同的风险／回报情况和不同的资本要求，它们都有一个共同之处，那就是对管理关注的需求，管理者的注意力通常是最短缺的资源。

但是，一些创新和组织可以从产生协同效应的多重商业模式中获益。事实上，有些企业能够生存，只是因为其多种商业模式具有协同效应。

在谷歌和 YouTube 的例子中，我们现在看到的协同效应很明确。然而，值得留意的是，谷歌在 2006 年以 16.5 亿美元收购 YouTube 时受到了严厉的批评。

有些例子不那么明显，但更清楚地说明了协同的商业模式如何成为组织生存能力的核心。

利特·帕斯公司是电子邮件营销智能和交付能力的全球领导者。

该公司在其网站上声明："我们与 70 多个邮箱和安全解决方案提供商合作，覆盖 25 亿个收件箱——约占全球总收件箱的 70%。"通过与互联网服务提供商、消费者网络、客户和数据聚合器的合作，利特·帕斯公司还利用来自 200 多万个个人消费者和 5 000 多家零售商的数据。这些不同数据集的组合为利特·帕斯公司提供了对电子邮件营销的"方式"和"原因"的独特见解，使公司能够设定区分正常邮件和垃圾邮件的标准。

所有这些统计数据的核心是关于我们日益数字化的生活的几个基本事实：

- 人和组织都依赖电子邮件；
- 大部分电子邮件都是垃圾邮件；
- 垃圾邮件和正常邮件的区别并不总是那么明显。

利特·帕斯公司依靠两种协同的商业模式来解决这一挑战，他们分别称之为"接收方"的商业模式和"发送方"的商业模式。

接收方的商业模式需要与主要的互联网服务提供商和电子邮件提供商（如康卡斯特、微软、雅虎、法国电信、时代华纳、俄罗斯综合搜索引擎等）建立合作伙伴关系，以收集和整合电子邮件交付结果的数据。换句话说，其需要明确哪些电子邮件会进入收件箱，哪些进入垃圾/垃圾邮件文件夹，为什么？利特·帕斯公司的数据来自超过 25 亿个有效的收件箱，这使它对电子邮件结果有了独特的见解。

然而，接收方商业模式中的关系并不能为利特·帕斯公司带来可观的收入。利特·帕斯公司收集并整合收件箱数据，以生成有关邮件交付能力的数据，该公司将集成数据返回给那些合作伙伴，以帮助它们改进内部过滤器和系统。利特·帕斯公司还使用这些数据帮助行业为电子邮件营销实践制定标准，从而减少网络钓鱼和其他基于电子邮件的犯罪的威胁。

发送方的商业模式是可以实现货币化的。利特·帕斯公司利用其在电子邮件交付能力方面的专业知识，为电子邮件营销人员提供软件和服务，以确保电子邮件营销活动有效并能满足客户的需求。

图 12-1 直观地展示了这一点，这是与我们目前使用的商业模式画布不同的"地图"，但是你可以看到简化的关键资源、交易和价值。

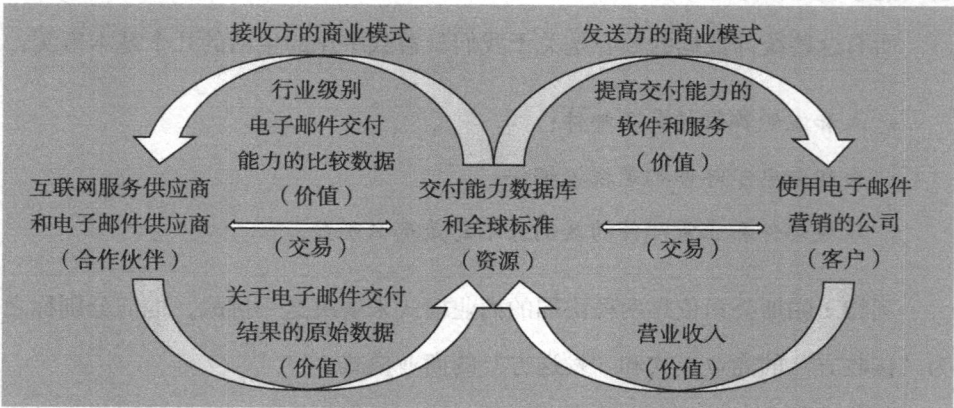

图 12-1　利特·帕斯公司的协同商业模式

现实情况是，利特·帕斯公司的两种商业模式在没有另一种模式的情况下都无法起作用。实际上，接收方的商业模式是一种非盈利模式，它能生成关于有问题的电子邮件结果的高级知识。互联网服务提供商和电子邮件提供商可能会付费获得集成信息，但与它们共享信息会更容易说服它们首先提供收件箱数据。在发送方一端，全球数据库使该公司成为世界上最合格的专家，没有这些，它就只是一家电子邮件营销服务公司。

利特·帕斯公司可以被列为一个与电子邮件和信息安全相关的全球非营利组织的第三循环，包括信号垃圾邮件、在线信任联盟、反钓鱼工作组和

DMARC.org（基于域的邮件身份验证、报告和一致性）。但是我们认为这种图表已经足够复杂了，尤其是如果你不是电子邮件营销专家的话。

协同的商业模式至少包含两个这样的资源、交易和价值结构的连锁循环。开发协同商业模式地图的挑战之一是找到合适的细节层次，对于不熟悉 RTV 框架的人来说，即使是这种协同地图的简单变体也可能令人困惑。毕竟，图 12-1 中展示的每个循环都可以显示为完整的 RTV 图示或商业模式画布。

建立真正协同的商业模式既不简单也不容易。在谷歌和 YouTube 的例子中，谷歌是否充分预见到了协同效应，还是仅仅认识到在线视频将成为一项巨大的资产，目前尚不清楚。谷歌前首席执行官埃里克·施密特曾表示，谷歌公司支付的费用比 YouTube 的价值高出了 10 亿美元，正如分析师们意识到的，用户上传内容和接受付费广告具有协同潜力。

与此类似，利特·帕斯公司走上协同商业模式的道路花了 10 多年时间，包括多次收购和剥离。利特·帕斯公司的高管们认为，在很长的一段时间内，电子邮件将是"杀手级应用"；对电子邮件用户的验证性访问显然很有价值。在某种程度上，商业模式中的关键资源可能完全是其他东西：相信该公司可能是电子邮件领域的"好人"，找到高度创新的方法来消除垃圾邮件和欺诈行为。

利特·帕斯公司的商业模式故事中存在一种不那么微妙的讽刺。

利特·帕斯公司面临的前提挑战是要确保电子邮件用户收到他们想要的促销邮件，而不需要的或欺诈性的邮件则被过滤到垃圾邮件文件夹。利特·帕斯公司的总裁曾经告诉我们，通过聚焦于触发字眼（"V!agR@"）来过滤垃圾邮件，实际上是"一场与坏帽子竞争的失败的军备竞赛"。改变垃圾邮件的活动是一个近乎零成本的过程；而成功处理网络钓鱼攻击的后果是非常昂贵的。

利特·帕斯公司改变了整个前提。与其把所有看起来不好的东西都过滤掉（黑名单），为什么不验证（白名单）发送者发送的内容符合一套批准的电子邮件营销标准。其中一些标准可能相当复杂，但一个简单的例子就是包含一步验证的"取消订阅"功能。

因此，发送方商业模式（利特·帕斯公司在其中实际上可以赚钱）的前提是确保促销电子邮件到达收件箱。但是当我们在创业课程中描述这一点时，学生们常常将此认定为将导致更多的垃圾邮件！

归根结底，协同的商业模式可能非常强大。同时，它们可能难以描述，更不用说设计和实现了。

## 本章概要

- 大型、复杂型企业也会有复杂、多重的商业模式，这些商业模式可以共存并协同工作。

- 虽然存在并行的商业模式，但这种情况越来越少见，企业通常更喜欢关联的商业模式。

- 关联的商业模式在较大的组织内运行，但在不同 RTV 商业模式维度中共享元素。

- 有些企业可以选择协同的商业模式，其中的模式能够以某种方式相互增强以创造和获取价值。

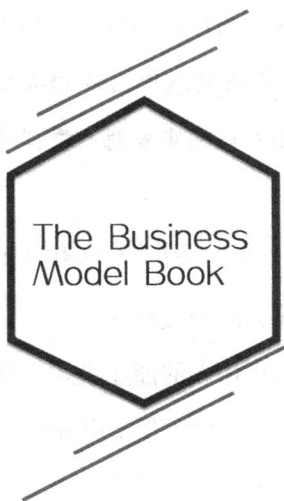

The Business
Model Book

第四部分
商业模式创新

"谈论'我们的商业模式'是一种愉快的消遣。这是互联网时代的消遣，始自风险资本家投资的推动以及全球社交聚会中无休止的谈话和猜测。每个人都在餐巾纸上绘制模型，却没有人在执行它。这是商业实践中出现的有趣现象，但实际上，这是我们面临的最严重的问题。创建并成功实施商业模式才是真正的工作。"

——费萨尔·霍克，BTM 公司首席执行官

在本书的最后部分，我们将不仅仅聚焦于构建伟大的商业模式。

本书的一个重要教训是商业模式不是静态的。真正伟大的商业模式必须适应组织、市场和行业的变化。在本书的这一部分中，我们将介绍商业模式周期，它提供了一个简单的框架，用于持续评估和更新你的商业模式。

商务战略中令人兴奋的最新发展之一是商业模式创新（business model innovation，BMI）概念的提出。

大量的大规模研究表明，BMI 已成为行业变革和卓越组织发展的重要推动力。在第十四章中，我们将探讨 BMI 的驱动因素以及决定 BMI 是成功还是失败的因素。

在第十五章中，我们将探讨可持续的商业模式的概念。可持续性是一个具有多重含义的词，商业模式在可持续发展组织的背景下更加令人困惑。一些商业模式可以持续一段时间，一些商业模式力求环境可持续发展。两者之间没有

直接联系，至少在可预见的未来是这样。

最后，我们将在第十六章回顾整个商业模式基础知识。无论你的分析多么复杂或你的商业模式理念如何辉煌，都需要回归重要而简单的基础。本书中的工具和框架在解决现实世界中商业模式分析的困难性方面非常有用。

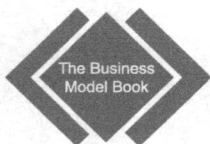

# 第十三章
## 商业模式周期

The Business Model Book

"流通量下降的报纸可以肆无忌惮地抱怨它们的读者，甚至说他们没有品味。但是随着时间的推移，它们仍然会破产。报纸不是公共信托，它有一种既可行也不可行的商业模式。"

——马克·安德森

商业模式创建和分析可能看起来是一次性的线性活动。

我们在纸上构建的"商业模式"充其量只是对组织实际需要或发生的事物的近似描述。但地图不是疆界。

领英公司的创始人里德·霍夫曼（Reid Hoffman）的意见是，你需要将你的商业模式置于永久性测试阶段。你在纸上捕获的商业模式，无论是通过RTVN、精益画布、OBMC还是通过这些方法的组合，都应该被视为一个不断测试和质疑的运行假设。

商业模式受益于规划、研究和仔细分析。你需要花时间集思广益、梳理逻辑、收集数据、进行分析和修订，然而最终，商业模式是一个实验。它是一种关于组织资源和活动的设计，旨在为利益相关者创造价值，包括客户、用户、合作伙伴、员工和业主。但是在实施和测试之前，实验的结果是不确定的。

商业模式周期提供了用于设计和测试商业模式的框架。

## 商业模式周期是什么

正如我们在第一章中讨论的那样，我们需要测试商业模式的设计，识别和记录特定指标。 商业模式周期（business model cycle，BMC）是用于构建和测试商业模式的简单的四步骤流程（如图 13-1 所示）。 BMC 的四个步骤是：故障排除，（再）设计，测试和（再）部署。虽然 BMC 可以在任何阶段启动，但大多数管理人员和创业者都会发现故障排除阶段是最直观的开始阶段。如果你正在从头开始创建自己的商业模式，那么就暗含了你是从（再）设计开始的。

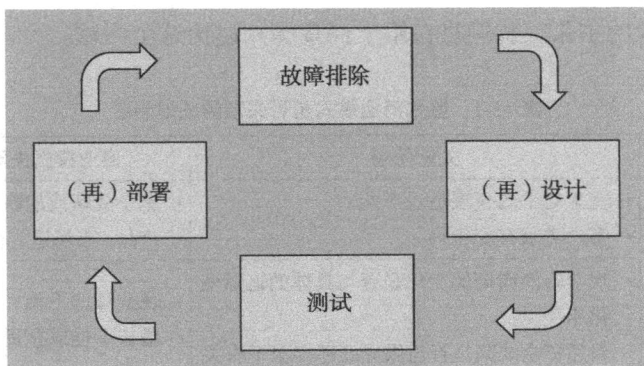

图 13-1　商业模式周期

## 故障排除

如果你已按照本书中的指导构建了至少一个全新的商业模式，那么你可以从（再）设计阶段有效地启动 BMC。

大多数商业模式分析从故障排除开始。经理们或创业者们认识到业务的某些方面运行不正常，如收入和/或利润下降、客户满意度下降、员工敬业度下降，以前正常运行的现在都将失灵。

但是，调整或创新组织的商业模式通常不应该是第一步。故障排除应从一系列问题开始，以确认商业模式是否适合组织。

首先，是否有比改变商业模式更简单的解决方案？表13-1显示了最常被误认为商业模式失败的四种组织症状。它还提供了有关这些症状以及将商业模式失败与其他组织问题区分开来的关键问题。

最常被误认为商业模式失败的四个症状是：市场份额下降、营运资本低、市场增长缓慢以及运营成本高。可以查看表13-1了解具体内容。

当存在一个或两个征兆时，例如，操作效率低下或产品/市场适应性差，通常最好不要假设为商业模式的失败。为什么？因为变革或创新商业模式是一个相对高风险的主张。我们将在第十四章深入讨论这个问题。

表13-1　鉴别商业模式是否失败的关键问题

| 征兆 | 关键问题 | 商业模式失败的解释 |
|---|---|---|
| 市场份额下降 | • 竞争对手的表现是否不同<br>• 客户需求有变化吗 | • 竞争战略或战略执行不力<br>• 产品/市场适应性不佳 |
| 营运资本低 | • 现金转换周期的变化是否与具体的运营变化相关<br>• 营运资金缺陷是否与供应或库存水平有关 | • 现金管理不善<br>• 增长不佳或存货管理存在问题 |
| 市场增长缓慢 | • 目标细分市场是否具有吸引力<br>• 是否有明确的计划跨越摩尔的鸿沟并从核心部门推进到其他部门 | • 对市场和整体机会的评价不佳<br>• 产品/服务功能特定于早期采用者而非大众市场 |
| 运营成本高 | 运营效率是否随着市场/行业条件的变化而保持不变 | 低效的生产或资源利用率 |

但是，如果有许多业务的运行出现问题，其症状超出了上述的界限，那么商业模式将成为下一个最可能的"嫌疑人"。

同样，如果你发现比渐进式产品改进或进入细分市场需要更多改变的机会，那么你可能需要一个新的商业模式了。

表 13-2 展示了你需要创建新的商业模式的时机。

表 13-2　创建新的商业模式的时机

| 问题 | • 操作失败不能仅归因于一个或两个核心原因<br>• 市场适应问题似乎与运营问题无关<br>• 行业状况的变化速度快于运营调整的速度 |
| --- | --- |
| 机会 | • 新产品或服务需要的不仅仅是增量变化<br>• 你认为当前的产品或服务可能对与目前服务的市场明显不同的市场具有吸引力 |

故障排除的最佳步骤是根据当前的业务完成一个商业模式画布（RTV、精益画布、OBMC）。商业模式中的问题出在哪？如果问题只能被归因到一个或两个领域中的一个或两个特定元素，那么你应该从增量方面开始进行改进。如果问题更具系统性和／或如果它们跨越多个商业模式区域链接多个因素，则需要（再）设计的可能性很大。

"在任何依靠一种商业模式发展壮大的企业中，转型可能会把一切都抛到空中。"

——宾·戈登，小珀金斯的普通合伙人兼首席产品官，电子艺术公司前首席创意官

## （再）设计

如果你一直在跟踪并完成了以上的操作，那么你已经在进行商业模式（再）设计了。（再）设计通常是商业模式周期中最有趣的部分。简言之，商业模式再设计通过消除各种约束或假设来探索新的商业模式。例如，（再）设计可以关注当前商业模式元素的替代元素，可以引入全新元素甚至删掉目前的一

些元素。

从广义上讲，商业模式无极限！我们将讨论为什么（再）设计工作不能轻易开启。商业模式（再）设计应该集思广益，想出一些新奇的、看起来不太可能的选择。

RTVN 和精益画布可以在（再）设计期间使用。我们鼓励使用在线画布器的原因之一正是它促进快速和广泛的探索。如果你已经制作了一个画布，你可以复制一下（这样你就不会丢失原件），然后开始试验。在对现有商业模式进行测试时，它们特别有用。精益画布鼓励你以非直观的方式重新配置商业模式。

一些创业者只是通过设计新的商业模式配置或流程来实现（再）设计。当没有可用于试验的现有商业模式时，这尤其有用。这些思维导图通常以明显的问题或建议的解决方案为中心。

在（再）设计阶段，你必须回答的关键问题是：

- 拟议的商业模式是否创造并获得足够的价值以保证组织运行或改变组织？
- 拟议的商业模式的要素是否在一个连贯的系统中协同工作？
- 拟议的商业模式是否稳定可持续？

当创业者放弃他们对可能的商业模式的核心假设时，（再）设计是最有效的。MRail 就是一个关于（再）设计的很好的例子。基本假设是客户（铁路运营商）希望以改装的轨道车的形式创建轨道偏转测量系统。一旦团队认识到所有铁路运营商想要的是优先于视觉跟踪检查的数据，商业模式（再）设计便顺理成章。

在（再）设计过程中，你的目标应该是尽可能多地生成替代方案。十个、二十个或更多个将是一个很好的目标。最重要的是要记住，没有任何假设是神圣的。同样，在线画布器可以提供非常有用的帮助，因为你可以将商业模式的任何元素移动到任何其他区域，甚至完全移出模型，并进入底部的"头脑风暴"区域。你可以在头脑风暴区域生成几乎无穷无尽的新商业模式元素集，然后在模型的各个部分中尝试使用它们。

最后，你还需要发挥直觉的作用。关于机会的假设你可能无法完全确定。尽你所能依靠直觉以及在舒适区之外产生想法。处理从专家和非专家那里获得的信息可能会为你提供出色的、意想不到的商业模式元素。

在这个阶段，数量比质量更重要。我们鼓励学生和创业者记录每一个想法，无论这个想法乍一看有多愚蠢。一些最有趣的想法源于建立或调整一开始似乎不可行的想法。你只能根据自己记录的内容创建商业模式，毕竟之后很容易划掉、删除或忽略一些想法。

## 测试

最终，商业模式的好坏取决于其实施情况。

在 BMC 流程中，我们希望尽可能多地测试所提议的商业模式，以便为其实施提供信息和指导。最耗时的步骤通常是模型测试。BMC 中有三种类型的测试：思维实验、信息测试和试点测试。

仔细考虑你的（再）设计。一些新的商业模式只能在实践中进行测试，这需要对特定的组织活动进行试验，以便从客户、合作伙伴甚至竞争对手那里获得反馈。如果你沿着这条路走下去，可以调整（再）设计以便首先进行思维或信息实验吗？

### 思维实验

思想实验是对变革过程和预期结果的精神演练。创业者和管理人员一直在进行思维实验，最常见的是探讨这个问题："假使……将会怎么样？"

BMC 受益于开放式探索和流程驱动分析。当我们考虑了各种可能的变化，然后应用一套明确的指标和目标来评估测试时，基于（再）设计的"假使……将会怎么样"的实验将是最有效的。

遗憾的是，没有完整的问题列表可以帮助完成所有的商业模式思维实验。表 13-3 提供了一系列基于 RTVN 框架的问题，是帮你完成思维实验的有用起点。

表 13-3　思维实验问题列表示例

| | |
|---|---|
| 资源 | • 假使我们必须使用不同的密钥资源，将会怎么样<br>• 假使我们必须寻找其他关键业务来创造价值或吸引客户，将会怎么样<br>• 假使我们可以与世界上任何公司 / 实体合作，将会怎么样？我们会选谁？为什么<br>• 假使我们能够创造一个完美的资源（资产、人、资本）以创造更多价值，将会怎么样？它会是什么样<br>• 假使我们能够利用我们的运营 / 活动来生成与我们向客户提供的资源分开的、新的、独特的、有价值的资源，将会怎么样 |
| 交易 | • 假使我们必须找到一个不同的渠道来接触客户，将会怎么样<br>• 假使我们的客户互动成本为零将会怎么样？如果我们的客户互动成本是现在的 10 倍将会怎么样<br>• 假使我们可以针对任何客户群而不考虑细分市场规模，制定销售和盈利策略将会怎么样<br>• 假使我们可以改变市场本身将会怎么样？我们将如何改变它<br>• 假使我们能改变所有客户的一件事将会怎么样？我们会改变什么 |
| 价值 | • 假使我们不得不削减 25% 的成本将会怎么样？50% 呢<br>• 假使我们可以将价格提高 2 倍将会怎么样？假使我们不得不将价格降低 50% 又会怎么样<br>• 哪些价值要素是客户需要而我们目前没有提供的<br>• 哪些价值是我们的客户目前不知道，但未来五年一定会需要的 |

## 信息测试

通常，信息测试应该是针对特定思维实验的精确数据查询。

例如，亚当·萨克利夫将奥宝手部消毒剂商业化的一个关键问题是其装置能否以与其他消毒装置大致相同的价格生产。另一个关键问题是卫生服务（医院和诊所）市场是否比消费市场更具吸引力。如你所见，这些问题的范围和投资要求各不相同。对于第一个问题的回答可能是直截了当的，只要是拥有产品工程和制造经验的人都可以解决这个问题，但找到合适的人可能需要时间。回答第二个问题需要有关客户、市场和市场准入成本方面更多的信息。最好是明确地缩小问题并确认这是否是一个重要的思维实验问题。当时，我们将此称为"美国妈妈"的问题。美国的母亲们会为一个易于携带且可单手使用的手部消毒剂支付更多费用吗？

在以下情况下进行信息测试是有价值的：

- 他们可以用有限的资源快速地回答上述两个问题；
- 结果可能对（再）设计过程有意义。

在某些情况下，利用机会的关键路径可能会使某些信息测试无效。再考虑一下奥宝的例子。在为萨克利夫提供商业化路径建议时，其中一个主要挑战是确定一个职业经理人来领导这一过程。萨克利夫从未想成为首席执行官。他并不承担发布产品的行政和运营责任。我们曾经与一个团队沟通，其成员包括来自医疗设备和医疗服务行业的高管，他们建议的目标客户是卫生服务行业从业者而不是一般的消费者。鉴于他们的从业经验和管理经验，这是有道理的。

在这种情况下，一种可能性是在组建团队之前进行市场和客户研究。萨克利夫没有足够的资源（时间和金钱）来进行所需的客户和市场分析。最终，奥宝公司的商业化努力的最大推动力是选择商业化团队。

## 试点测试

最强大的（再）设计测试是试点测试。通过试点测试，创业者或组织可以找到一种方法来测试现实世界中的假设信息、产品甚至整个商业模式。

凡迪尔公司（FanDuel）就是一个很好的进行实时假设检验的示例。创建于爱丁堡的凡迪尔公司现在是两个最大的在线体育博彩网站之一。由一个失败的社交网络企业的开发团队和投资者创立，凡迪尔公司发现了一个机会（体育博彩）并创建了商业模式。联合创始人兼首席产品官汤姆·格里菲斯（Tom Griffiths）最开始几年将他们能想到的各种日常游戏放到网站上，让客户选择自己真正愿意参与的游戏。在这些年，凡迪尔公司持续处于试验模式中。客户是更喜欢一天建立一个团队，还是想与队友维持一周的合作关系？他们想直接与其他体育迷打赌吗？例如，曼联球迷是否特意想要对阵曼城球迷？团队忠诚度对参与者有多重要？客户想要和使用什么样的信息来做出决策？什么样的信息会导致客户参与更多的联赛？汤姆被数据淹没了，他试图找出有效的方法，且该方法不会使团队或网络服务器过载。凡迪尔公司是一家赶上了好时机的企业——它顺应了一个巨大的、爆炸式增长的市场浪潮

试点测试尽可能地将你的产品或服务放在客户面前。试点测试适用于某些行业，但不是所有行业。它对在线环境非常有效，因为在在线环境中，内容和流程的变化成本相对较低。在严格监管的行业，如医疗设备行业，这几乎是不可能的。

创业者有时会对试点测试犹豫不决。为什么？对于一些创业者来说，感觉这就像是进入现实的最后一步。然而，对于创业者来说，这是最不可取的一种心态。

试点测试通常是在为时已晚之前识别死胡同的最后机会。没有对你的产品

或服务进行试点测试，相当于购买一辆没有试驾测试的汽车。在橡胶遇上公路之前，无论它在纸上看起来有多好，你都不会放心。

"制作你可以卖的东西，不要只是尝试卖掉你所做的。"

——何塞·斯塔比尔（Jose Estabil），

tou-Metrix 公司前总裁兼 KLA-Tencor 公司技术部高级主管（个人访谈）

伟大的试点测试都有两个共同点。首先，试点测试应该易于实施并且易于展开。有时，这意味着告诉原始客户产品、服务或商业模式仍在进行测试并且随时可能撤回。一些创业者担心他们可能会通过向潜在客户展示一个"半生不熟"的想法而"自断生路"。这是一个可以理解但并不成立的问题。如果与潜在客户的关系如此脆弱以至于一个失误就会破坏它，那么该客户就不应该被纳入试点测试中。此外，企业应该寻求与客户建立更牢固的关系，客户应该认可整个商业模式，而不仅仅是产品功能。

简单性意味着利用最有限的资源将产品或服务呈现给潜在客户。这意味着如果客户开始提出复杂的问题或需要复杂的帮助，那么测试已经部分完成。请注意，这并不意味着测试"失败"。试点测试没有失败——只有不同类型的信息结果。

最后，简单性意味着如果在试点测试中收集的信息开始指向商业模式中的重大或复杂变化，则测试再次完成。试点测试应侧重于确定增量修改以使商业模式可行或确定商业模式是否需要做重大修改。

管理者应该关注试点测试。正如任何一位优秀的科学家所了解的那样，实施一个伟大实验的诀窍是限制变量的数量，尤其是你无法控制的变量。如果你想了解冰块融化需要多长时间，那么你只需要在温度恒定的受控环境做实验，而不用将冰块放在各种不同的温度下反复实验。如果你想了解自己的商业模式是否有效，请向客户提供最简单的产品 / 服务版本，并在测试时限制外部因素的影响。

## （再）部署

在本书的第四部分之前，（再）部署商业模式可能看起来很奇怪，毕竟大多数创业者都才开始创建商业模式。

快速接触客户并在问题出现时解决问题，这种做法值得称道。在我们的创业课程中，我们强烈建议学生尽可能使用精益创业模式。

然而，据我们推测，你正在阅读本书，说明你试图在开发和实施商业模式方面寻求一些见解和指导。"先创建，后测试"的理念可以是强大而有效的，但它也可以让创业者陷入耗时的死胡同，特别是如果"创建"努力没有明确的终点。

何塞·斯塔比尔是麻省理工学院德什潘德技术创新中心的创业者。在他的职业生涯中，他为快速发展且具有竞争力的半导体行业带来了众多关键技术。他的建议为精益创业方法提供了关键的平衡元素。走在客户面前，尽力弄清楚他们想要购买什么以及他们想要购买的方式。**创建商业模式并不意味着你永远要与该商业模式联系在一起。**但这确实意味着你至少要在这种商业模式中投入一些时间和精力。

（再）部署商业模式与启动新产品或服务有相似之处。我们指导的许多创业者发现以下类比很有帮助。

想象一下，无论出于何种原因，你想要出售你的业务。收购方真正购买的是什么？在某些高度专业化的案例中，收购方可能只想购买库存、IP 甚至是客户清单等信息。具有讽刺意味的是，收购方可能最不需要的是你的业务的主体结构和核心组成部分，如法人实体和与服务提供商的关系。收购者真的想要什么？最有可能的是，收购方需要你的商业模式。收购方想要你的运营合力，这应该超过所有部分的价值之和。资源、交易和价值创造的组合价值使收购具有吸引力。这可能需要一段时间，但你可以将你的商业模式本身视为一种产品。

当你（再）部署商业模式时，实际上是将产品（你的组织）重新投入新市场中。是的，该"产品"包括向你的客户销售的特定产品或服务。但是，在更高的层面上，你的商业模式是一个更宏观的市场中的产品。如果你的新商业模式在该市场中创造了更多价值，那么（再）设计和（再）部署就是成功的。

遗憾的是，当你（再）部署商业模式时，无法保证一定会成功。在第十四章中，我们将研究商业模式变革的驱动因素以及支持成功地进行商业模式创新的关键因素。有效地实施可行的商业模式或商业模式创新要做到仔细规划、明确执行和主动监控。

（再）部署商业模式的一个好选择就是使用你在（再）设计阶段创建的新画布。对于画布的每个元素，你应该能够回答以下问题：

- 这个元素与当前的运行状态有何不同？
- 必须进行哪些投资、获得哪些资源或改变哪些流程以实施新要素？
- 启动这种改变的关键步骤是什么？是否已将每个步骤的责任分配给特定的人员或团队？
- 必须克服哪些障碍？
- 采取什么措施证明变革已经完成？

商业模式周期为生成商业模式提供了重要的参照。在本书的阅读中，我们已经了解到商业模式提供了一种灵活的方法来提高组织的可行性。商业模式分析鼓励非传统思维：任何组织要素都可以改变或消除。BMC 框架有助于将商业模式设计纳入更广泛的背景。有效的商业模式是动态结构，需要根据市场和行业条件不断进行测试。在下一章中，我们将研究组织如何以及为何变革商业模式，区分商业模式变革与商业模式创新的不同以及推动商业模式创新的条件。

## 本章概要

■ 商业模式是动态的，需要有一个过程来不断地重新审视它们。

■ 商业模式周期有四个步骤：故障排除、（再）设计、测试和（再）部署。

■ 有效的商业模式需要开放式探索以及针对 RTVN 框架进行测试的流程驱动分析。

# 第十四章
# 商业模式的变革与创新

"商业模式创新重塑了整个行业，并重新分配了数十亿美元的价值。"

——约翰逊、克里斯滕森和卡格曼

商业模式创新是有风险的……它是基于有限的、不可知信息的信念的飞跃……就像跳下高山一样。

——博克和乔治

商业模式失败了。

有时，这种失败既不是产品、服务方面的失败，也不是团队和执行方面的失败，它就是商业模式的失败。

还记得独立的旅行社、销售磁带和 CD 的音乐商店，以及像 Blockbuster 这样的视频租赁店吗？这些行业的零星业务仍然存在，但支持大型企业在这些行业中生存的商业模式根本不再起作用。

商业模式的变革与其他有关业务变革的原因相同。熊彼特的"创造性破坏"愿景现在比以往任何时候都更加显著和充满活力。新的想法、技术和流程不断产生资源、交易和价值。随着一些产品和服务变得更受欢迎，旧的产品和服务必将被淘汰。

在本章中，我们将介绍商业模式变革和商业模式创新这两个概念。我们将讨论启动这些流程的风险和回报。最后，我们将探讨商业模式变革的原因以及成功地进行商业模式创新的可能驱动因素。

## 商业模式变革与商业模式创新之间的差异

商业模式的变革看起来很简单。如果商业模式不同了，那么就肯定发生了商业模式变革。

"如果你要开始测试你的产品，那么请一并测试商业模式。"

——乔·克劳斯

然而，学者和管理者都不依赖于这种简单的视角。在商业模式的大多数文献和实践中都存在一种隐含的理解，即商业模式的任何一个元素中的小的、增量的或孤立的变化在技术上不代表商业模式的变化。

考虑为制造和零售客户提供后端数据管理服务的业务示例。一些流程和工作是重复和一致的，但不能完全标准化。执行团队决定开始外包重复性工作。这是商业模式的变化吗？ 基于最简单的定义，我们不得不说是。然而，现实是大多数创业者和管理者认为这是一个简单的资源或供应商变化。外包非核心或非关键活动，仅作为一个例子，似乎并不能证明"商业模式变革"的印记。

为了与文献和我们的实践观察保持一致，我们将采用这种略微更复杂的方法来改变商业模式。我们将商业模式变革定义为：至少两个商业模式元素的重大改变。

这有助于阐明商业模式变革与运营、战略、产品、流程或市场的微小变化之间的差异。一个伟大的商业模式不仅仅是其各个部分的总和。如果改变商业模式的一个元素对模型的其余部分没有明显影响，那么我们认为整体商业模式没有真正改变似乎是合理的。

那什么是商业模式创新（business model innovation，BMI）？显然，商业模式创新是商业模式变革的一个特例。BMI 需要满足商业模式变革的标准以及一些新颖性方面的标准。在我们的学术研究中，我们将 BMI 定义为"开发新的资源配置和交易，以创造新的市场或以新的方式服务市场"。我们认为这仍然是准确的。为简单起见，我们将在本书中使用这个定义。

这里的挑战是定义创新。如果本企业以前从未尝试过，那么这种商业模式是否具有创新性？只有当它没有在当地企业中使用过才具有创新性吗？还是说在这个星球还没有人使用过才具有创新性？显然，我们可能会陷入语义的争论中！

在商业模式方面，背景很重要。一方面，如果一个组织正在测试一个竞争对手使用过的商业模式，那么它就不是真正的创新。另一方面，如果创业者正在尝试从未在该行业或现有客户中使用过的商业模式，那么这似乎是一种创新。

商业模式创新是**对至少两个商业模式元素进行重大的改变，从而形成对组织所在行业或者市场来说全新的商业模式配置**。

如果创业者发现另一个行业也在使用自己的商业模式怎么办？我们认为它仍然具有创新性，因为一些或许多商业模式元素不会从一个行业转移到另一个行业。换句话说，新的商业模式仍旧是创业者实践的结果。

但请注意，"商业模式创新"没有完全客观的衡量或判断标准。下次当你阅读流行媒体中的商业模式创新示例时，你可能会考虑它是否符合我们提出的标准。在商业模式创新方面不太可能达成完美的共识，毕竟，商业模式没有完美的共识！

## 商业模式创新的风险和回报

也许你可能会说谁在乎呢？也许商业模式创新并不是什么大不了的事。

已有的初步研究和我们自己的观察表明，商业模式创新是一个大问题。

商业模式创新是一种高风险、高回报的价值主张。

商业模式的**变革**可能是相对渐进的，可以使组织适应不断变化的行业或市场环境，它可能会强调增量流程改进以提高运营效率。然而，商业模式创新要求组织采取创新举措，愿意改变任何不再适用的商业模式元素。

"与产品和流程创新不同，商业模式创新必须既以机会为中心，又具有颠覆性。BMI 需要从根本上改变组织成长和获取价值的方式。"

——博克和乔治

商业模式创新可以成为创造优势的有力机制。当然，最著名的例子是苹果公司，它基于商业模式创新实现了从 1997 年的濒临破产到世界上最有价值公司的华丽转变，而且仅用了 15 年时间。在此过程中，苹果公司颠覆了音乐、电话和计算机行业。

早在 2007 年，人们就已经认识到了商业模式创新的价值。IBM 对全球 CEO 调查的结果表明，表现优异的公司依赖于商业模式创新而不是产品和流程创新。

商业模式创新已经真正发挥作用。一些估计表明，大多数大公司已经探索了一些商业模式创新。实现了最高增长和价值创造的公司使用了商业模式创新。

"在过去 10 年进入《财富》杂志 500 强的 20 世纪创办的 27 家公司中，有 11 家是通过商业模式创新实现的这一目标。"

——约翰逊、克里斯滕森和卡格曼

与此同时，商业模式创新的价格也很高。成千上万的公司在商业模式创新方面没有成功。大多数人完全迷失于学习。像纳普斯特这样的少数几家公司因其失败的灾难性特征而具有标志性意义。

到目前为止，还没有对商业模式创新成本或商业模式创新失败率进行严格的研究。然而，有趣的是，我们看到的失败多于成功，尤其是处于成长阶段的科技公司。这些组织，如在线内容托管行业中的 Voxel 和视频开发行业中的 Savage Entertainment，试图在竞争激烈的行业中实施新颖的商业模式。两家公司最终都被收购（而不是失败），但这些收购是由于不成功的商业模式创新和组织失败的短期前景所驱动的。

商业模式创新的问题很简单。它要求组织投资（至少部分）未经测试的机会。在大多数情况下，没有回头路。因为这些投资将使公司远离它所依赖的价值创造过程。我们来思考一下巴思 & 诺博公司（Barnes&Noble）进军电子阅读器行业的例子。该公司的产品——NOOK 在与亚马逊的 Kindle 竞争时表现不太好，但在美国和英国的发布都获得了大力支持。虽然没有关于启动和支持 NOOK 的总投资的公开信息，但微软最初承诺的投资额为 6 亿美元，培生集团承诺的投资额为 9 000 万美元，其规模还是十分可观的。2016 年，巴思 & 诺博公司宣布关闭 NOOK App 商店，这相当于宣布了西方世界的电子阅读行业已经是谷歌、苹果和亚马逊应用程序的天下了。许多分析师认为 NOOK 没有平台支持或足够的创新性来与亚马逊和谷歌竞争。与此同时，虽然巴思 & 诺博公司仍然是美国最大的书店连锁店，但它仍然在遭受损失并不断关闭门店。巴思 & 诺博公司由于 NOOK 的失败估计损失了几亿甚至十几亿美元。

"（商业模式创新）的成功部分源于真正新颖的价值创造方法，以及组织流程、资源和系统急剧变化的实施。这些承诺是一场赌博，可能会使公司陷入难以改变的项目、资产和能力之中。"

——博克和乔治

在本章的其余部分，我们将探讨商业模式创新的驱动因素以及成功地进行商业模式创新的驱动因素。使用 IBM 的全球 CEO 调查数据集，我们总结了一些关于商业模式创新的显著发现。

## 商业模式创新的驱动力

为什么公司要进行商业模式的变革和创新？事实上，变革是不可避免的，那些无法适应风险的公司迟早会被淘汰。

"商业模式不止一种……真的有很多机会和很多选择，我们只需要发现它们。"

——提姆·奥莱理，"硅谷甲骨文"和奥莱理传媒的创始人

正如我们在第十二章中所提到的，商业模式变革的一个关键驱动因素通常是对绩效不佳的认识，而不是单一的运营因素。商业模式创新也可能受到机会识别的驱动。有趣的是，几乎任何事情都可能促使人们努力变革和创新商业模式。然而，IBM 数据表明，一些特定因素会促进商业模式创新。

我们在此简要总结了这些因素。表 14-1 展示了推动商业模式创新的因素：

- BMI 独立于行业、产业，以及组织规模，没有特定的行业或组织规模更可能会进行商业模式创新；

- 业务比较聚焦的组织更有可能尝试商业模式创新，跨行业的国际组织则不太可能进行商业模式创新；

- 与商业模式创新趋势一致的唯一外部因素是全球化，直接应对全球化

挑战的企业更有可能尝试商业模式创新；

- 高级管理层，特别是 CEO，更鼓励进行商业模式创新；
- 大量从事产品或流程创新的公司不太可能成为商业模式创新者；
- 先前的成功变革与商业模式创新无关。

表 14-1　商业模式创新的驱动因素

| 因素 | 是否是商业模式创新的驱动力 | |
|---|---|---|
| | 是 | 否 |
| 行业 / 产业 | | × |
| 组织规模 | | × |
| 业务比较聚焦的组织 | × | |
| 当地市场趋势 | | × |
| 全球化趋势 / 遥距探索 | × | |
| 行政领导 | × | |
| 产品 / 流程创新者 | | × |
| 先前的成功变革 | | × |

　　商业模式创新的关键驱动力是一项挑战，这项挑战涉及组织的长期核心价值主张。一方面，这符合我们的期望，即运营和战略中的小的、具体的变化不应被称为"商业模式变革"。另一方面，它强调了商业模式创新不适合胆小的人。发起商业模式创新的公司要敢于承认组织的可行性受到威胁，需要进行变革。

# 成功地进行商业模式创新

　　没有人比亨利·切萨布鲁夫教授（Professor Henry Chesbrough）在探索和解释商业模式创新方面更有发言权。他已经开展了广泛而深入的研究，以明确商业模式创新的前景和危险性。

　　"商业模式创新至关重要，但却很难实现。"

——亨利·切萨布鲁夫

　　我们知道成功的商业模式创新会带来卓越的表现。然而，要成功地进行商业模式创新，需要组织保持敏捷。BMI 是一次在黑暗中的飞跃，因为公司必须应对不熟悉的挑战。为了使 BMI 发挥作用，公司需要灵活性来适应不断变化的情境和信息。

　　我们的研究揭示了在商业模式创新过程中保持敏捷的两阶段流程。请记住，商业模式创新并不容易。如果容易的话，那么每家公司都会成功。如果你要实施 BMI，请保持开放的态度。个人、团体和部门需要具有敏捷性、良好的心态和管理层的支持才能有效地参与商业模式变革过程。请记住，商业模式创新的机会并不明显，最好的想法可能来自意想不到的地方！

　　"事实上，商业模式创新也是一次偶然性的发明。"

——加里·哈默尔

## 两阶段商业模式创新计划

　　"商业模式创新不仅仅是调整战略定位；其需要实施者利用非直观的创业机会，这些机会只有事后才会变得明显。BMI 是基于有限的、不可知的信息来实现的一次信念的飞跃。"

——博克和乔治

　　如果你已经跟着本书一步步"走"到这儿并得出结论，你的组织需要考虑商业模式创新，那么你面临着艰巨的任务。你应该确定组织的机会和能力，但在某些时候，你需要放手一搏。如果你成功了，"后见之明"将使你的成功对他人显而易见；但如果你失败了，可能很难或不可能恢复。

图 14-1 显示了两阶段 BMI 工具。在第一阶段，公司使用总裁领导力、遥距探索和不连续的变革计划来启动 BMI 流程。一旦组织致力于商业模式创新，第二阶段的因素有助于成功地实施 BMI。

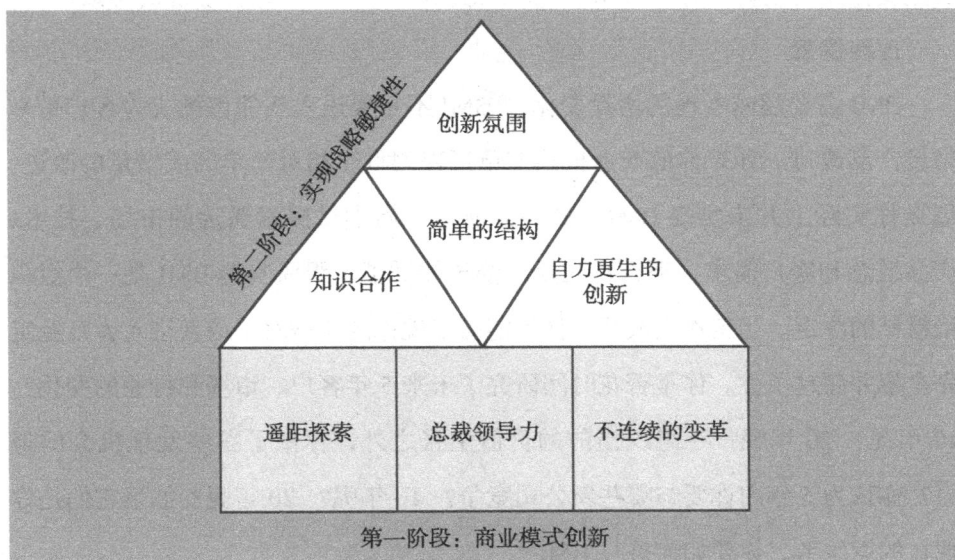

图 14-1　两阶段 BMI 工具

## 第一阶段：利用商业模式创新的关键驱动因素

在第一阶段，你的目标应该是确保你的组织准备好启动商业模式创新。你需要高层管理团队的支持和承诺、变革取得成功的愿景，以及进行彻底变革的动力。

### 总裁领导力

无论是谁领导 BMI，都必须采取一种明确的、积极的和乐观的立场，以便为 BMI 流程提供支持。首席执行官（MD 或其他高层领导）从头到尾监督整个 BMI 流程十分必要。然而，这个关键领导者必须确保整个组织致力于实现一个明确、有针对性的愿景。你需要明确：到目前为止这个关键领导者是否是此过程的驱动因素？如果不是，实施者是否确定组织的 CEO 或 MD 百分之百地支持这次创新？对于 BMI 的结果和过程，是否有清晰和明确的愿景？

### 遥距探索

BMI 需要超越本地的增量变化。BMI 不是要进入相邻市场或为客户带来增量产品改进。如果你的商业模式变革过程侧重于相对简单的或增量的改进，那么你实际上并未实现 BMI。如果你尚未开始尝试探索遥远的市场、技术、产品概念和客户需求，那么现在是时候这样做了。跟风实施 BMI 是一个组织最糟糕的决定。当工作完成后，你可能会发现你的竞争对手或新进入者已经走完全程并超越了你。你是否花时间研究了未来 5 年客户、市场和行业的变化？10 年呢？20 年呢？在组织当前的价值主张之外，你做了哪些发现机会的努力？你认为 5 年内你要与哪些新公司竞争？10 年呢？20 年呢？如果它们是你现在的竞争者，你要如何进行 BMI？

### 不连续的变革

一般来说，经验有益于组织能力的养成。但 BMI 是个例外。之前成功的变革与成功地进行 BMI 无关。BMI 无法习得，也不会受益于经验的积累。每个 BMI 计划都是独一无二的。

你的组织是否准备好进行不连续的变革？你是否为新的和不熟悉的任务准备了合适的负责人？你的物理设施和信息设施是否能够支持新的活动和流程？一旦确定了最积极和最具破坏性的变革计划，谁将负责支持受影响最大的员工？

## 第二阶段：为组织成功地进行商业模式创新做好准备

如果已经确定进入第二个阶段，那么有四个因素与成功地进行商业模式创新相关联。你需要保持创造性的氛围，努力简化组织结构，了解合作机会并确保自主创新。

**创新氛围**

成功地进行商业模式创新最关键的因素是组织的创新文化。商业模式创新要求组织迎接新的挑战，实施新的活动，并有可能采用全新的创造价值的方式。创新友好的文化为应对变革奠定了基础。

如果没有创造性的、灵活的组织氛围，BMI 将难以实施。你所在组织的创新氛围与行业中的其他公司相比如何？你最近进行创新氛围调查了吗？如果氛围不利于重大变革，你是否有能力推迟 BMI，以便为 BMI 做好准备？无论氛围如何，你可以采取哪些措施来鼓励灵活和创造性的思维和行为？

**简单的结构**

商业模式创新通常需要对业务活动进行重大的变革。当组织可以专注于核心职能和责任时，变革过程将更加有效。然而，对简单性的需求存在微妙的挑战。简单地消除非核心功能（通过销售或分拆）实际上可能会阻碍商业模式的创新。面临的挑战是将管理层的注意力集中在关键的职能和活动上，同时又不失去获得有关不断变化的市场和机会的外部信息的机会。如果你要实施 BMI，请仔细考虑如何成为委托人。创建你的企业当前所依赖的团队、大型活动或关键流程的优先级列表。最佳列表将包括 5~10 个团队和流程。一旦确定优先级，请仔细考虑是否可以将"一些"或"许多"不太重要的元素委托给其他受信任的组织。委派过程释放了组织内的管理功能。你不想放弃对这些过程的控制，你特别希望确保通过合作伙伴及时了解市场信息。你是否真正释放了管理层的注意力，或者你只是在重新配置内部活动？我们在研究中发现的令人惊讶的事实之一是授权有利于 BMI，但仅仅重新配置资源实际上阻碍了 BMI 的进展。

### 知识合作

商业模式创新可能需要将你的组织转移到新的产业、客户群甚至是全新的市场。除了授权非核心职能外，你还有哪些机会与这些新领域的人合作学习知识呢？如果你的 BMI 成功了，请考虑你最想要服务的潜在客户。能力和资源的哪些组合会增加他们从 BMI 结果中获得价值的可能性？哪些公司可以提供这些功能和资源？你是否可以与这些组织联系以帮助你进入新的行业和市场？

### 自力更生的创新

最终，成功的 BMI 来自内部产生的想法。它有助于你与其他人和公司的合作，以确保拥有最新的机会信息。然而，最终，只有组织本身才能有效地推动有助于 BMI 的变革和创新。你有什么内部激励来实现这些创新？你有什么激励措施来帮助人们接受使 BMI 发挥作用所需的变革？你组织中的每个人将如何从自力更生的创新中受益？他们都知道吗？

在我们所写的一本关于 BMI 的书——《机会模型》（*Models of Opportunity*）中，我们讨论了利特·帕斯公司案例。它是世界领先的电子邮件营销白名单公司。利特·帕斯公司与全球的网络服务提供商合作，获取有关发送到用户收件箱和垃圾邮件文件夹的电子邮件的特征的数据。这些信息至关重要，但利特·帕斯公司并不依赖网络服务提供商来为电子邮件营销服务及其电子邮件白名单数据库生成其新颖的商业模式。其创新源于不断努力探索电子邮件行业中的可能性，以及组织内的创新和支持创新的氛围。仅举一个例子便可略见一斑。该公司允许所有员工向其他员工支付额外付出的奖励（25 美元，当然由公司埋单）。这可以通过自动化流程完成，不需要高级管理人员的批准。该公司的许多新颖产品和服务改进都来自这些价值 25 美元的想法。

商业模式创新既令人恐惧又令人振奋。有时急中生智，方才事半功倍。祝愿所有进行商业模式创新的人都能取得成功！

## 本章概要

- 商业模式创新是一种高风险、高回报的尝试。

- BMI 不受行业、组织规模、当地市场趋势或先前的成功变革的驱动。

- 专注于产品或流程创新的公司不太可能启动商业模式创新。

- 发起 BMI 的公司拥有更积极的总裁领导力、更强烈的遥距探索意愿以及更聚焦的文化。

- 成功地进行 BMI 需要创新氛围、简单的结构、知识合作和自力更生的创新。

- 在商业模式创新方面，没有任何关于成功的保证。

The Business
Model Book

第十五章
# 可持续的商业模式

"（可持续的商业模式）是可持续社会必不可缺的一部分。在一个不可持续的经济体中，不可能有持续的商业模式。所有的商业模式皆依赖于特定的外部条件，若要可持续，一个繁荣经济体的社会发展与进步，必须要在环境可承受的范围之内。"

——大卫·本特，未来论坛

在商业模式的情境下，"可持续"或"可持续性"的含义究竟是什么呢？

在这一章，我们将探索"可持续的商业模式"的概念内涵。我们将告诉你，在你的事业中，如何纳入可持续的因素，如何做出抉择。在你的商业模式中建立可持续性，实质上是一个由创业者或管理者的个人信仰和价值观所驱动的决策。

## 打开黑箱："可持续的商业模式"

那么，什么是可持续的商业模式？相信大家对这个说法已经很熟悉了。但是，一个可持续的商业模式对你而言，究竟意味着什么？

## 可持续的"商业模式"

最简单的解释大概是将此概念拆解为可持续的（停顿）"商业模式"。那么，"可持续的"在此又代表什么意思呢？

关于可持续的"商业模式"，最常用且使用最久的是其最简单的定义。

实际上，我们在探讨的是竞争优势。学者一般以可持续的商业模式这个概念，强调一个企业如何在众多竞争者中维持长期竞争优势。

"若这个创业机会有一个具有吸引力、可持续的商业模式，我们则可以从其中创造竞争优势，并维持该竞争优势。"

——萨尔曼，1997

"因此，在设计一个具有竞争力的可持续的商业模式时，战略分析是其中必不可少的一环。"

——蒂斯，2010

## "可持续的商业"模式

接下来的解释将与上述角度有所不同，"可持续的商业"（停顿）模式。在此，我们实际在强调不同的方面—— 一个"可持续的商业"的模式。这又是什么意思呢？

从这个角度看，我们所探讨的是用以描绘可持续的商业的类似地图或是一组指示的概念。目前为止，我们在"可持续的商业"这一概念上尚未达成共识！

"一个可持续的商业模式，实际上是实现可持续性的路线图，以此处理与可持续性相关的事物，以及商业中不同可持续性维度间的动态关系。"

——艾哈迈德和孙达拉姆，2007

一些学者和咨询师往往用"可持续性商业"而不是"可持续的商业"来探讨这个概念。

如你所见，作为一个具有复杂内涵的概念，"可持续的商业模式"的确只是此概念的浓缩。让我们一同来透彻理解这一概念。

## "可持续的商业""商业模式"

现在我们探讨的是一个"可持续的商业"（停顿）"商业模式"。以此看来，可持续的商业模式实际上是可持续的商业的商业模式。

"企业层面的可持续性以及……组织所属的系统的可持续性。"

——斯塔布斯和科克林 2008

上面我们似乎已经探讨了关于可持续的商业模式的绝大多数问题了。这个概念将一个生态学方面的概念纳入到组织的商业模式中。我们甚至可以大致推断，可持续性与该商业模式所属的产业社区、社会情境或是生物圈这些更广泛的概念是相关的。但现在，我们似乎忽略了这些与企业长期存活相关的因素。

## 可持续的"可持续的商业""商业模式"

这个是不是我们一直以来所推崇的概念内涵？这个短语应该这样来念：可持续的（停顿）"可持续的商业"（停顿）"商业模式"。这描述的是一个可持续的商业的商业模式，并且，该商业模式也是可持续的。

我们是如何演绎到这里的呢？在此，我们希望"可持续性"因素，指的不仅是商业自身的本质是可持续的，同时，也指的是该商业模式是可行永续的。

也许你会对最后关于可行永续的因素感到疑惑，这对商业模式而言是否必要？我们认为非常必要：我们可以创造出一个将可持续性因素纳入其中的商业模式，但是，这种商业模式显然不具备竞争能力。现实中也有很多这种类型的企业——大多是由一个具有远见的创业者领导，旨在解决一个具体的生态或社会问题。这些组织往往在经历短暂繁荣后便衰败了，因为推动这项事业运作的独特资源其实是创业者的无偿付出！在这种类型的商业模式中，没有太多的可持续性可言。

现在，与你一开始的理解比较起来又如何？

那么，这个真正意义上的"可持续的商业模式"是否能站住脚？

"一个可持续的商业模式的盈利动机和环境利益应该是能够良好结合的。一个可持续的商业模式……应当鼓励负责任的消费，员工承诺，与客户、合作伙伴和供应商建立长期关系，以及聚焦客户需求。以上这些都将助力于持续的经济增长。"

——苏格兰工商委员会

面对这些不同的定义和解释，我们应该如何理解呢？

当我们谈及可持续的商业模式时，我们指的不仅是该商业模式本质上与生态问题相关，其实，也指的是企业具备长期的竞争力以及生存能力。

一个可持续的商业模式的长期生存能力，与其所在的生态系统是息息相关的。请记住，商业模式是组织为开发一个新的机会所设计的。换句话说，我们始终在探讨如何设计一项事业，但现在，我们在用一个更广阔的视角来思考它所能带来的影响。

一个可持续的商业模式实际上是一项组织设计，在其运行的生态系统或社会体系下开发新的机遇，使得组织具备长期生存能力。汤姆斯鞋履（TOMS shoes）便是这种商业模式的典型案例，以其"买一捐一"项目著名。

"汤姆斯鞋履公司未来将创造一项全新的买一捐一的商业模式，并且将这种模式拓展到 TOMS 的其他产品当中。"

——布雷克·麦考斯

其实，真正可持续的商业模式将随时间而改变，因为我们对可持续的理解是持续变化的。

商业模式创新网格（如图 15-1 所示）是帮助我们思考可持续性的一个非常实用的工具，特别是在商业模式创新的情境下。它是在剑桥工业可持续发展研究中心（Center for Industrial Sustainability at Cambridge）和 C 计划的支持下

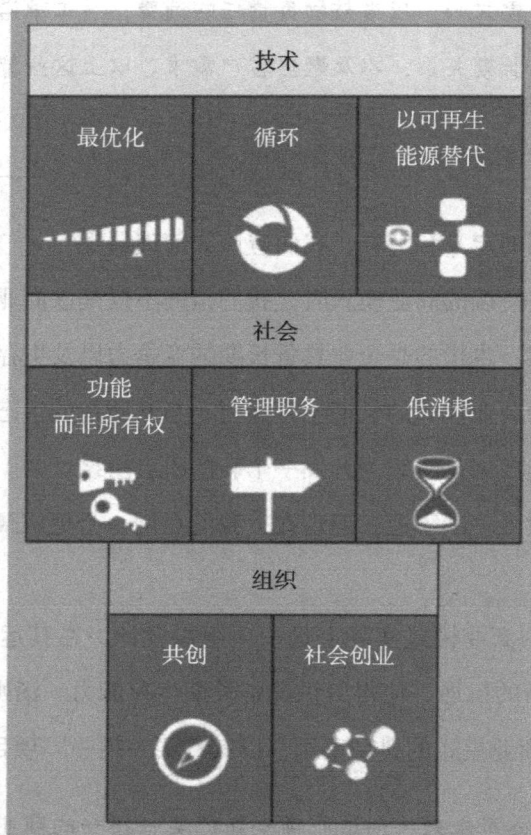

图 15-1　由剑桥工业可持续发展研究中心和 C 计划开发的商业模式创新网格

开发的，基于该网格，可以促进物料的可持续利用。该管理网格建议在以下三个具有广泛影响的领域进行可持续性创新：技术、社会和组织。例如，技术改进和优化可能涉及减少产品的耗材或包装；社会改善所聚焦的是功能性而不是所有权，那么客户就可以在支付使用费用使用完后，将产品返回到制造商进行循环利用，而不是自己丢弃处理（很可能去到垃圾填埋场）；组织改进强调社会创业能够促进组织探索更多生产本地化或其他活动，而不是集权化运营。

## 可持续的商业模式的衡量

关于可持续的商业模式的核心分歧之一是可持续性指标的确定。目前的挑战是，我们至少可以从三个角度审视可持续性：意图、过程和结果。这不是就企业最终产生的生态影响、碳足迹、全球气候破坏或（某种程度的）经济增长是否正向就能判断的问题。你对商业模式是否可持续的评估，取决于所采用的是哪种视角。图 15-2 显示了这三种可能的视角。这是一个思考如何衡量你的商业模式的可持续性的好机会，同时，也请思考一下在此之前你是否已将"可持续性"作为你的商业模式中的一个重要目标。

思考一下沃尔玛的例子。2015 年，沃尔玛宣布，自 2010 年以来，其全球供应链的碳排放量减少了 2 820 万公吨[①]。这似乎是一个令人印象深刻的生态成果。同时，其也列举了沃尔玛的其他生态导向的积极成果。

---

① 1 公吨即 1 吨，2 820 万公吨等于 282 亿千克。

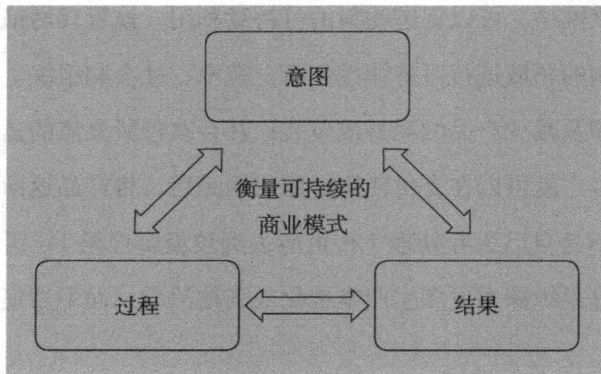

图 15-2　可持续的商业模式的衡量视角

　　这让沃尔玛的商业模式可持续吗？当然，沃尔玛多年来经营良好：在全球范围内持续增长。但这是一种生态可持续的商业模式吗？虽然最终的评判结果可能有一定的争议，但一些观察员经过客观总结指出，沃尔玛对于全球生态的总体影响是负面的："沃尔玛这种测量其商业模式的可持续性的方式，并不能弥补其整体商业模式对环境造成的损害。"

　　那么，沃尔玛的"意图"是什么？在过去 20 年，沃尔玛在多个生态问题上获得不少积极成果，也取得了不同程度上的成功。那么，沃尔玛的"过程"是什么？其中一个沃尔玛减少碳排放的重要步骤是鼓励其供应商想方设法减少它们的碳排放量，因为它们的碳排放量占沃尔玛总碳足迹的 90%。那么，这些公司如何减排是否有关系呢？如果这些活动导致了其他意想不到的负面生态效应，是否会降低我们对沃尔玛商业模式可持续性的评价？

　　关键问题是我们可以很容易遇到这样的情况：一些商业模式从当前的视角来看是可持续的，但换一个视角来看却是不可持续的。如果一个公司想要可持续发展，但在实践中却无意地产生了破坏，将会怎样？如果一个组织完全没有可持续发展的意图，却无意中产生了整体的生态效益，那又会怎样？

表 15-1 比较了三个不同的视角，并总结了管理者需要考虑的理论和实践问题。

表 15-1　可持续的商业模式的视角

| 视角 | 意图 | 过程 | 结果 |
|---|---|---|---|
| 参考框架 | 目标 | 行动 | 效果 |
| "测量"的是什么 | 企业是否对可持续性的质量或数量把控做出了清晰的陈述 | 所观察到的组织面临抉择时的选择和行动 | 所发布的数量上的结果 |
| 可持续性理论 | 长期可持续性必须由组织目标的制定驱动，这些目标将组织的生存能力与生态和/或社会系统联系起来 | 当组织面临权衡时，做出有利于生态和/或社会系统效益的抉择，则称为实现了可持续性 | 组织产生的效益能够推进生态或社会体系的整体效益，则称为可持续性 |
| 优点 | 容易观察和评估 | 在正确实施时，可以在决策中纳入确切的条款，将容易得到检验和复制 | 能够为组织的可持续性提供数量上的评估和比较基础 |
| 缺点 | 对于可持续性意图的门槛不明确；对行动或结果没有要求；模糊的手段和目的，"绿色炒作" | 难以制定规则，可能要求组织牺牲自身利益，或与"更少可持续性"的竞争者相比，处于相对不利的地位；难以衡量组织决策和行动的可持续性；行为活动以及所感知到的影响的相对重要性难以确定 | 关于决策的衡量不清晰；决策的时间窗口不清晰；成果应该用相对值还是绝对值衡量不明确；微小的生态或社会进步可能掩盖了更大的问题或破坏 |

让我们再举一个例子：奥兰国际。奥兰国际是一家领先的农业企业，经营范围包含从种子到货架商品的各种产品，它在 70 多个国家为全球 23 000 多家客户提供食品和工业原料。其公司总部位于新加坡，但它在全球不同业务板块拥有共 70 000 多名员工，涉足咖啡、腰果、大米和棉花等行业。奥兰国际的核心业务是种植园和贸易：它从农场大门到工厂化农场的全流程，都坚持可持续性实践。它的创新之处在于将洋葱的用水量减少 5%。这一举措减少了农

业用水（减少 70 亿升）、脱水和运输成本（减少 800 万升柴油），以及更重要的，节省了 800 多公顷（800 多万平方米）土地，具有重要的指导意义。可持续性在奥兰国际的运营中至关重要，所以它一直捍卫全球农业商业联盟对联合国可持续发展局的支持工作。其目标包括联合国可持续发展局终结贫困（目标 1）、确保供水（目标 6）、促进可持续消费和生产（目标 12）、对抗气候变化（目标 13）、管理森林的可持续性（目标 15）和为可持续性发展重振伙伴关系（目标 17）等。这些活动表明奥兰国际已经认识到，生态可持续性可能是其商业活动长期可持续性必不可缺的部分。

创业者可能意图开发出可持续发展的商业模式。通常情况下，除了利润最大化，创业者会有其他的潜在动机和目标。例如，马修·戈尔登（Matthew Golden）希望大规模减少能源损耗，以推动全球生态发展，降低消费者的能源成本。

在商业模式思维中，意图是一种组织资源。它可以是一种愿景陈述、一个目标或一项措施，使创业者的内隐想法变得明确。

"意图"视角的挑战是如何识别一个最低门槛。大多数可持续发展创业者对他们的目标都有潜在的期望。毕竟，如果他们希望可以带来细微的影响，他们只需简单地改变自己的行为。戈尔登本可以对自己的组织进行能源审计，并对其进行改造以节约能源。

但是对于"可持续的"最低判断标准究竟是什么呢？

可持续的商业模式的意图应将其方法和目的区分开。同样，我们发现在许多商业模式中，这通常是不明确的。为什么呢？有时方法和目的很难分辨；有时，这位创业者并没有彻底了解过自己真正的意图。但我们思考这个问题的时候就已经产生价值了，因为它同时能够推动可持续的商业模式的"过程"。当亚当·珀维斯（Adam Purvis）创立"青年力量"平台（Power-Of-Youth, POY）

以鼓励成功的创业者回馈社会时，他内心意识到，POY 本身可能不会对环境或对社会产生积极影响。但是，通过这个平台可以使得生态资源得到有效利用，而不是直接让弱势个体受益。POY 纯粹是一种基于"方法"的可持续的商业模式，它的目的是向更广义的组织传播可持续理念。

归根结底，问题在于许多组织已经学会了如何美化自身的可持续发展意图。对于上市公司而言，这些往往可以在企业社会责任声明中找到。企业关于可持续性的陈述与行为或结果不相匹配的现象，被称为"绿色炒作"。

也许对于可持续的商业模式，"过程"是一个更好的视角。过程是指组织实际做的事情。当可持续性效应和利润之间存在权衡时，组织是如何表现的？显然，这与商业模式框架中的活动和交易密切相关。

请思考一下戈尔登的瑞克公司的案例，开发能源审计软件需要风险投资，经营企业需要办公室，且需消耗办公用品。瑞克公司希望能对美国家庭能源使用产生重要的长期影响，并最终在全球范围内产生影响。这是否意味着它应该在整个业务中都贯穿可持续的实践？现实情况是，许多可持续的做法（比如采购对生态负责型的办公用品）比其他方法更昂贵。

这里的关键挑战在于建立边界。组织应在何处划定使用和 / 或执行可持续活动的界线？组织是否应该要求其合作伙伴和供应商遵守类似的规则或要求？瑞克公司在其商业模式中应用可持续过程这点上做出了很大努力。它采购的是对可持续实践有明确承诺的组织的办公用品和设备。它发布了员工支持计划以鼓励员工进行低碳通勤活动。

那么，这些边界要延伸多远？瑞克公司是否应该监督其合作伙伴和员工，以扩大其可持续性目标的实现？如果它的一些供应商没有对它们的合作伙伴和供应商执行类似的要求怎么办？这种监督和执行将是昂贵和耗时的。

是否应该对所有活动进行平等评估？商业模式需要走多远，才能使其过程与可持续意图保持一致？有许多组织活动，如办公室清洁，看起来都是相对琐碎的。组织中的每一项活动是否都需要进行可持续分析？

更深层次的挑战往往与"意图"的实现方法和目的的区分密切相关。要更清楚地看到这一点，可以参考一下美国的超级投资者沃伦·巴菲特的案例，他被认为是历史上最成功的商业投资者和经理人之一。他已承诺将 99% 的财富用于慈善事业。尽管他在医疗、税收和财富不平等等问题上采取了更为自由的立场，但他的公司（伯克希尔·哈撒韦公司）主要以收购和经营业务创造并最大化利润。在巴菲特和其公司在项目投资时是否考虑了可持续发展这个问题，我们无法直接看清。（a）经营一家完全没有考虑其深层次可持续性的企业，然后将长期利润捐赠给可持续性事业，（b）经营一家具有重要且深层次的可持续性的企业，以便创造短期可持续性利益，哪种做法更好？对于这个问题没有明确的答案，但是对于你自己的可持续的商业模式来说，这是值得思考的。

在这一问题上明确地划分出优先级的，应该是我们最喜欢的两个案例——瑞克公司和利特·帕斯公司。这两家公司显然都需要风险资本，而风投往往是利润导向的。然而，这两家公司所明确划分的优先级，无法避免与利润最大化这一点发生冲突。利特·帕斯公司有员工优先的使命和文化；瑞克公司一直坚定采用绿色流程，尽管这要付出更高的成本。但这两家公司最终都找到了认同这些愿景的风险投资。这些投资者十分愿意检验这种优先级的考虑，最终是否能够提高投资回报。

最后，还有一个以结果为视角的。这是大多数可持续的商业模式的起点—— 一个创业者希望改善生态（或至少减少正在发生的破坏）或对社会产生积极影响。以结果作为视角，能为可持续带来的影响提供最权威的检验，但并不能解决所有问题。

例如，可持续的结果是绝对的还是相对的？从沃尔玛的案例来看，这是相对的。沃尔玛在衡量其为能源效率和生态影响带来的积极影响和其可持续性的主动措施是相悖的。当我们将总能源消耗、资源使用以及废物产生纳入考虑时，我们很难说沃尔玛对全球生态净影响是正面的。在对环境改善这点上，沃尔玛应受到赞扬吗？还是说只有它的净影响是积极的，才能受到表彰？此时，关于社会影响的问题，又该如何考虑？我们无法完全将此分辨清楚，但我们注意到在这两方面都有一些具体的事例。首先，一方面，沃尔玛（通过其子公司山姆会员店）被评为行动不便的残疾人士的最佳雇主；另一方面，该公司也面临着歧视诉讼。其次，一方面，研究表明，沃尔玛商店对当地零售商、当地就业和增长产生了负面影响；另一方面，这可能意味着资本得到了更有效的配置，消费者也能以更低的价格得到更多他们想要的东西。这也可能意味着利润实际上是从当地片区转移到公司层级，因此进一步加剧了贫富差距。

正如你所看到的，即使你只是试图评估相对和绝对的影响，对于商业模式可持续性的结果的评估已经是一项重大的挑战。

最大的问题之一是如何选择合适的结果指标矩阵。从生态视角来看，可能会强调废物生产或能源利用；从社会视角来看，则可能会更强调收入或收入平等，或受教育机会等指标；从过程视角来看，该指标矩阵与其优先级有紧密关系。你无法测量所有的东西，因此你所选择的每一个度量指标，都将可能降低另一个度量指标的重要性。

## 将时间纳入考虑的可持续的商业模式

我们的直觉是，要理解可持续的商业模式真正关键的问题在于时间尺度。你强调的是短期影响还是长期影响？你的时标是以月、年，还是几十年作为单位？

考虑一下种子基金会（The SEED Foundation）的例子。1997 年创建的种子基金会，旨在解决美国一些弱势城市的教育问题。它的目标是为可能无法完成高中学业的 11 岁左右的中学生提供高质量教育。此处的时标不是一年，甚至不是五年。他们的十年目标是帮助这些学生完成高中和大学学业。但该基金会还有一个更长远的目标：通过建立高质量的实体机构，为当地提供就业机会，并最终将大学毕业生带回社区，帮助这些社区恢复活力。

当时标足够长时，就可以考虑如何让你的商业模式产生更全面、更广泛的影响。

现在，我们在如何衡量可持续的商业模式这个问题上，可以进行更深入的探讨了。在这一阶段，对于是什么使得你的商业模式可持续，你应该有一个初步的想法，并与你认识的最聪明的人分享。他们有可能是行业专家、工作同事或家庭成员。请记住，关于广义上的可持续性，几乎没有明确的答案。但与你信任的人一起探讨这些问题和想法，将会帮助你更深入地思考你的商业模式，或者将你引向全新或更为创新的商业模式。

关于可持续发展和商业模式的研究才刚起步。我们研究了全球十几家商业模式具有可持续性的处于早期阶段的科技公司。其中有些公司非常成功；有些公司失败了。总体来说，我们没有发现可持续性因素是成功或失败的关键因素。我们的推断是——聪明的创业者总能找到办法，使其可持续的商业模式更具吸引力、竞争力，并将其转化为业绩优势。与此同时，现在并没有足够证据表明只要具备生态可持续性或社会可持续性，就可以确保成功。

我们对创业者和管理者的建议其实很简单。看看你的周围。看看你自己的组织、你的社区、你的行业和你的国家。随着时间的推移，你的工作有没有让他们变得更好？当你把这些传递给下一代时，你给到他们的，是更多需要解决的问题，还是更多发展的机会？下一代会因你的商业模式更快乐、更健康吗？

或者，他必须更加努力地工作，以减少社会和生态破坏对他的阻碍？

现在，深呼吸，后退一步，看看这个星球。注意三件事：

- 地球是你唯一真正与他人分享的东西；

- 不像组织、社区、行业和国家，你不能离开这个星球；

- 无论你做什么，地球是唯一一个可以供下一代生活的星球。那么，你将留下什么？

你的商业模式是可持续的吗？

## 本章概要

- 一个"可持续的商业模式"，是用以描述一个真正与生态问题相关并具有长期竞争生存能力的商业模式的简称。
- 可持续性可以通过意图、过程和/或结果来衡量。
- 全面理解商业模式的可持续性，需要考虑时间和经济情境。
- 目前，还没有普遍接受的参照或量表可以明确地识别和评价可持续的商业模式。

# 第十六章
# 回归商业模式的本源

在设计、构建和修正不同商业模式的旅程上，我们已经走了一段很长的路。

在本章中，我们将：

- 总结并整合这段旅程；
- 对盈利企业以外的商业模式做一些说明；
- 以一些最后的建议作为本书的完结。

## 商业模式为何重要

一个伟大的商业模式将资源、交易和价值创造联系在一起。开发一个好的商业模式，需要借助各种其他的管理概念和框架。你现在已经拥有为你的组织设计、构建和修正不同商业模式的工具了。

"对我们来说，最重要的是设计正确的商业模式，然后用全球顶尖技术来支撑这个模式。在美林证券，这意味着不能按照人们的常规预期行事。"

——约翰·麦金利，美林前首席技术官（私人对话）

好消息是，商业模式实际上是衡量你的组织是否可行的唯一并且最佳的指标。在你当前或全新的商业模式中，花点时间植入可持续元素，并对各项元素进行整合，是一项具有重要价值和意义的工作，也是实现业务增长和通往成功的关键步骤。

坏消息是，我们总是无法预测为什么有些商业模式行得通，而有些却行不通。书面研究能够帮你分析的东西十分有限，有一些商业模式必须在市场上进行检验。对于检验过程，从简单的思维实验到执行预实验，你可以有很多不同的选择。如果你正想通过商业模式创新创建全新的商业模式，那么这些测试将变得更加重要。

## 一个好的想法是不够的

一个伟大的创意或创新并不等同于一个伟大的商业模式。商业模式解决的是一个好的想法如何在市场环境下实现的问题。其中，如何产生好的想法并将其传播出去，如何在各项交易元素中捕捉市场价值，这些都需要组织来完成。创业者最常犯的错误之一就是认为如果创意本身足够好、足够重要，或者仅是认为"这件事该做"，那么商业模式也就成立了。

一个好的策略可以使得组织正确定位，对抗行业内的竞争者。优秀的员工可以确保组织高效运作，并可以有效地利用关键资源杠杆。为用户和客户创造价值，可以为近期和长期营收提供机会。但是，除非它们都能整合到一个相互契合的商业模式中，否则组织可能无法长久生存。

本书以可汗学院没有商业模式的评论开篇。实际上，可汗学院是有商业模式的，他们一直坚持任何人都应获得受教育的机会。从社会效益和社会公正的视角看，我们可能都同意普及教育是一个好主意。但一个好想法是不够的。可汗学院的商业模式是不完整的：它有战略、人才以及价值创造。可汗学院的确在为一项使命服务并实现了一定成果。但与此同时，尚未有证据表明可汗学院的商业模式是可持续的。

即使像可汗学院这样值得称道的企业，最终也需要一种能够持续发展的商业模式。即便围绕免费内容和免费分发对全球教育系统进行重构的想象是很吸引人的，然而，今天，可汗学院实际上却更像是一个慈善机构，需要依靠每年的筹款来支付各项费用。

## 商业模式不需要"美好"

与许多其他学者和实践者一样，我们认为创业是现代最重要的社会现象之一。尽管有些"不道德"的案例揭示了创业活动的黑暗面，但我们始终认为创业是最具改变世界的无限潜力的。

但与此同时，我们对于商业应坚持在整体上促进世界更美好的问题上，并没有一个结构性的机制对组织进行要求和规范。国家和国际法律框架提供的仅是一个十分有限的系统，以限制商业组织可能对社会造成的伤害。目前，这个担子主要落在个体和社区上。

我们并没有要求商业模式"美好"。

商业模式是在一个更大的经济环境中运行的，一个成功的商业模式可能在产生经济价值的同时，对社会造成破坏。

让我们思考一下专业汽车比赛的案例（例如，世界一级方程式锦标赛和美国纳斯卡车赛）。这种类型的比赛将不同的组织、用户和客户以复杂的方式交织在一起。汽车公司参与比赛的原因有很多，包括促进研发、宣传品牌、提升竞争力及增强其公关和广告价值的潜力。汽车行业及其他行业的赞助商则利用此高调的活动进行广告宣传，以期实现杠杆作用。对于驾驶员而言，参与赛事至少可以让他收获独特的职业经历。那对于观众而言呢？人们为什么要观看赛车？有些人是纯粹喜欢赛车元素，其他人可能与汽车行业和技术联系比较密切，但有些人就是想看可怕的撞车事故。在一些联赛中因作弊行为产生的戏剧效果，很可能影响这项运动赛事对观众的吸引力。

"……你可以理解为什么那些家伙会选择越界。但这并不代表是正确的，也不意味着当你被抓住时不会受到重大惩罚。这是关于风险与奖励的权衡，我想对于那些家伙，选择的是他们认为更能获得满足感的一边……我讨厌看到一项运动的焦点转向这个，但我也承认其中的戏剧性总会胜于纯粹的兴奋。它似乎得到了更多的关注。赛车的商业模式不是那么美好的。"

——杰夫·戈登

脸书、谷歌和其他平台受到了关于广告的各种做法和政策的严格审查和批评。组织是否需要对展示给用户的内容负责，特别是当这些用户是免费接受服务时？目前，这是一个关于道德和社会责任的问题，但对其商业模式而言，并没有直接或明确的业务影响。

"我感到沮丧的是，很多人似乎越来越多地将广告的商业模式直接等同于违背客户价值。我认为这是最荒谬的。"

——马克·扎克伯格，脸书首席执行官

毕竟，如果用户认为广告使得他们得到的价值变成负向的，那么他们就不会再用该服务。而且，请记住，脸书和谷歌等平台的客户实际上是那些广告商，而不是利用这些平台来进行社交和搜索的消费者。一个用户使用，一个客户埋单。大部分谷歌和脸书服务的客户都是广告商！一些广告商已经开始利用和扩大这种影响力。

媒体网络等商业模式也是类似的故事。大多数媒体网络严重依赖于广告收入，以抵销生产或购买内容的成本（如节目）。广受好评的制片人乔斯·韦登（Joss Whedon）指出，这是关于商业模式的案例，包括其目的和结构。内容本身可以说是无关紧要的，因为该模式可以针对不同受众，生成不同类型的内容进行运作。正如韦登提到的，这不是关于伦理或道德的判断——网络只是通过这种模式来赚钱，因为在本质上，网络其实是商业组织。

可以肯定的是，有的商业模式可以做到没有广告植入。新进入者（如亚马逊、苹果）也正在测试各种不同的商业模式。但最终，其需要的是一种能够创造和捕捉价值，并且是可持续的商业模式。

在新闻和内容印刷行业也可以看到类似的紧张局面。随着互联网对信息收集、评估和分发方式的改变，许多报刊企业都倒闭了。商业模式没有任何"公平"可言，尤其是对于正经历巨大变革的行业。我们可能会谴责面临挑战的独立媒体。我们可能会担心商业模式的成功是建立在引导、创造和传播虚假新闻之上；对于底层需要做出多大努力，才能促使广告商意识到他们支持的是有争议或是虚假的内容，我们感到疑惑。

"流通量下降的报纸可以肆无忌惮地抱怨它们的读者，甚至说他们没有品味。但是随着时间的推移，它们仍然会破产。报纸不是公共信托，它有一种既可行也不可行的商业模式。"

——马克·安德森

基本上，这些问题已超出了商业模式如何运作或它们为何成功的问题范畴。实际上，道德和社会责任方面的问题是无法在一个商业模式框架中完全解决的。商业模式是在更大的背景下运行并反映现实的，包括其主导的道德和法律情境。成功的商业模式最终反映的是我们作为一个集体社会，所愿意付出的代价。

## 商业模式不仅限于商业

虽然我们在本书中主要关注盈利性企业，但商业模式与任何组织都相关。只要是一个组织，无论正式或非正式，合法或非法，盈利性还是非盈利性，都有其商业模式，并且通常采用的是相同的工具和框架，关键的区别在于对"价值"的定义。

事实上，对于非传统组织利用商业模式框架（RTV、精益画布、OBMC）所需要达到的最高成效，是明确各项关键因素，如价值创造、客户需求和关键资源等。

你会发现自己也可以通过商业模式思维来评估各种非商业组织：教育机构、政府实体、非营利基金会、非营利组织、社区团体以及在线论坛等。例如，联合国的商业模式是什么？国际足球联盟呢？每个实体创造的价值是什么？谁是客户？他们的需求是什么？有哪些关键资源可以让每个实体创造并捕捉到客户价值？

## 回归商业模式的本源：应从本书记住什么

总体而言，我们的商业模式之旅探讨了以下关键主题：商业模式是什么（而不是什么）、商业模式所包含的因素、分析商业模式的有效工具，以及可持续性对商业模式进行评估和变革的循环过程。

本质上，商业模式是一个类似地图或故事的设计。它描述的是一组组织要素以及这些要素如何协同工作。这些要素以资源、交易和价值创造为中心。当这些要素连接起来，共同创造出一个一致且引人入胜的叙事时，则商业模式可能是可行的。我们可以使用各种画布和框架来描述、探索、评估和改变商业模式。但最终，我们知道商业模式必须在现实世界中接受检验：没有一个商业模式能够确保可行。

我们在组织的全方位变革中增加了一种创新的类型——商业模式创新。我们可以更清晰地思考商业模式如何以及为何可持续。作为创业者、管理者、理事、股东和消费者，我们可以选择采用更全面的方法进行价值创造，将长期的生态和社会效益纳入考量。

我们每天都与许多努力创造变革的创业者合作。一些人会成功，另一些人会失败。一些变革的焦点在于利润最大化，另一些则为改善世界而奋斗。有些人会采用传统的、经过验证的商业模式来创建可持续和值得信赖的组织，有些人则致力于创造全新的商业模式，改变当前企业、行业甚至社会。

克服其中的复杂性和困惑面，商业模式将为探索新的机会提供强大而富有洞察力的工具。

你的商业模式旅程将带你到哪里？

"简单地通过将你的核心优势和知识资本化，公司和创业者便能够参与到一种新兴的商业模式，使他们能够在社会中创造和展示真实且可持续的社会影响力。"

——穆罕默德·尤努斯

## 本章概要

- 商业模式是一项将资源、交易和价值创造联系在一起的设计。
- 商业模式分析是组织生存能力的唯一且最佳的检验指标。

- 商业模式需要得到检验：我们不能总是预测为什么某些商业模式有效而其他商业模式无效。

- 商业模式创新是一种高风险、高回报的过程。

- 成功的商业模式反映了更广义社会－经济背景下的社会规范和价值观：我们并没有要求商业模式"美好"。

　　在全球化竞争、数字化转型和变革创新的商务背景下，商业模式的创新和
可持续发展日益成为新的战略任务！博克教授和乔治教授的这本书以大量的公
司实践和翔实的商业模式原理及分析方法，深入浅出地讲述了商业模式的设
计、构建和修正。本书从商业模式的实践出发，围绕商业模式的沿革、难点、
特征，提出了 RTVN 的框架，详述了商业模式的资源、交易、价值、叙事四
大要素及其功能。在此基础上，以商业模式画布为工具，深入探讨了商业模式
的多种场景和周期，特别是商业模式的变革、创新和可持续发展。最后，全书
回归商业模式的基本要素和模型。

　　商业模式的设计与构建成为面向各类公司、聚焦新兴创业领域、引领产业
持续成长的关键战略举措。近期比较流行的服务创业、社会创业、责任创业、
平台创业等都致力于设计出各不相同的商业模式。数字创业和智能创业作为当
前特别受人关注的新兴领域，需要设计与开发全新的商业模式。基于深度学习
的人工智能视觉算法学习方案和客户需求分析的采用，传感器全方位识别行

为、物联网精准服务、高速通信网络实时在线、智能云平台生态体系、边缘计算嵌入高响应服务等智能技术的运用，正在重塑以消费者为中心的商业模式。

商业模式的创新与开发成为综合多种创新元素、融汇内外创新思想、实现组合式创新的整体解决方案。在转型升级的背景下，从企业到政府，从学校到科技园区，都在关注商业模式创新，其已成为各行各业最贴近现实的创新实践。现有商业模式往往需要从若干功能特征完善角度进行优化和创新，而组合创新则更多地注重在设计、服务、定价的组合式解决方案和全新的绩效策略方面发力，从而形成基于商业模式创新的整体解决方案和多层次组合创新系统。

商业模式的转换与升级成为动态适应竞争环境、前瞻选择多样商模、持续创新策略范式的组织发展机制。在技术创新的速度急剧加快、范围显著拓宽、模式不断颠覆的形势下，商业模式设计能力成为创业企业的核心动态能力。全面学习与借鉴国际成熟的商业模式原理与分析方法，提升自身的商业模式学习快速转换能力和商业模式迭代敏捷升级能力，成为实现高质量发展需要具备的基本功。

为此，我们特别翻译并向读者推荐本书揭示的基本原理和实用方法，作为大家学习商业模式的基本手册。

浙江大学王重鸣教授与 GERC 团队

2019 年 12 月

# 版权声明